이 관문을 통과하면 프로 5단이 된다

9단 加藤正夫 지음
프로바둑연구회 편

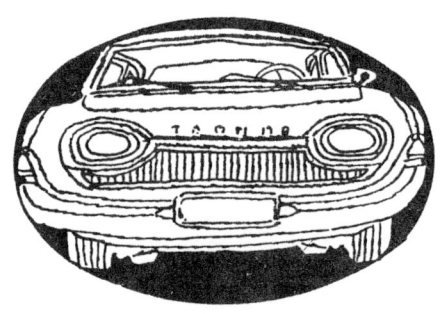

太乙出版社

머 리 말

아마츄어의 입장에서 실력자로 나아가는 과정으로는 다음과 같은 다섯 가지의 관문이 있다.

첫째, 바둑을 생각하고 배우는 때. 둘째, 중급 과정의 중간 정도의 실력을 가지는 때. 세째, 초단의 벽을 무너뜨리는 때. 네째, 3 단이 되는 때. 다섯째, 5 단이 되는 때.

이 다섯 가지의 벽을 허물고 나면 프로기사로서 우뚝 설 수가 있다. 이 책에서는 주로 둘째의 관문에서부터 다섯째의 관문에 이르는 벽을 허물어뜨릴 수 있도록 하는 데에 역점을 두었다. 그 중에서도 특히 둘째와 세째, 그리고 네째 관문의 벽에 부딪힌 독자들을 위하여 여러가지로 신경을 많이 써서 내용을 꾸몄다고 생각한다.

바둑의 기술적인 측면에서 생각한다면 이 다섯 가지의 관문을 무난히 통과할 때, 비로소 프로기사로서 자부심과 긍지를 가질 수 있을 것이다.

둑을 넘쳐흐를 듯이 질러가는 강물도 그 근원은 작은 물줄기로부터 비롯된다. 바둑도 마찬가지로, 기술적인 면의 활용에 앞서 기본적인 면의 지식함양과 그 축적이 필요하다. 이 단순한 원리를 무시하고 덤비다 보면 언제까지나 체계적인 실력을 갖출 수가 없게 될 것이다.

첫째 관문부터 다섯째의 관문에 이르기까지 하나하나 신경을 써서 연구하고 매진해 나가다 보면 자기 자신도 모르게 프로기사로서 우뚝 설 수가 있게 될 것이다.

아무쪼록 이 책으로 말미암아 독자 여러분이 목적하는 확고한 실력을 갖출 수 있기를 바란다.

저 자 씀.

차 례 *

제 1 장

작용이란 무엇인가?

우선 처음으로 작용이란 무엇인가, 그
것부터 설명하겠다. 초반에서 종반까지
작용은 이렇게 있는 것이구나 라는 것을
알게 될 것이다.

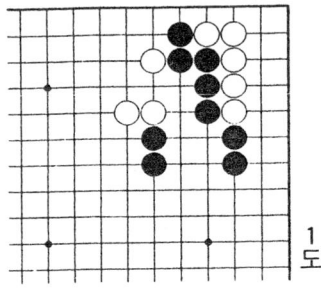

1도

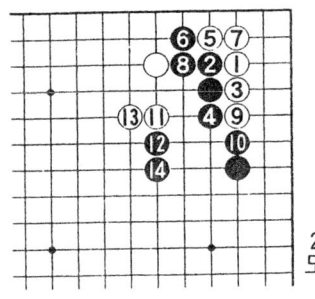

2도

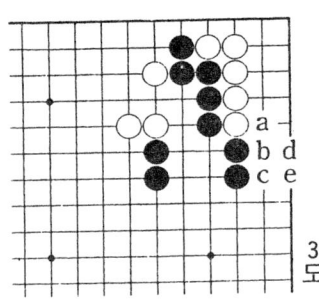

3도

1. 작용이란？

'여기가 작용하고 있는 것을 놓치지 않는다'라거나 '작용을 좋은 타이밍으로 놓았다'라거나 …… 그런 말을 자주 듣거나 책에서 읽은 적이 있을 것이라고 생각한다.

도대체 '작용'이란 어떤 것일까.

1도(5군데의 작용)

귀의 백에 대해 흑에서부터 5군데나 작용이 있는 것이다.

2도(기본 정석)

1도는 눈목자 받기의 기본 정석이다.

3도(a에서부터 e까지의 작용)

그 5군데의 작용이란 흑a에서 e까지. 백이 손을 빼면 모두 패가 되거나 돈사(頓死)하거나 한다. 어떻게 작용하고 있는가 증명하자.

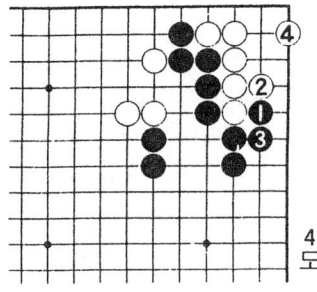

우선 a부터——

4도(백4, 형)

흑1·3에는 백4가 사는 형이다. 백4를 손 빼면,

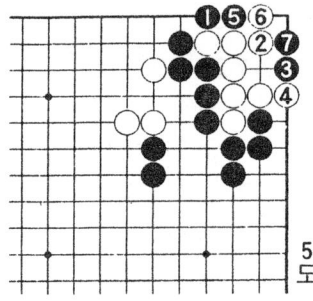

5도(백사)

흑1의 젖혀 죽이기이다. 백2라면 흑3이 급소로, 백사는 명확. 백2에서 7은 흑6.

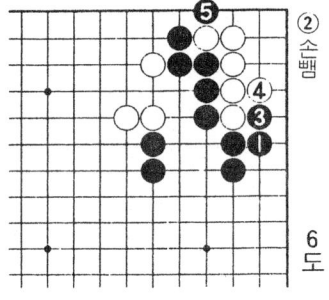

6도(마찬가지)

흑1에 백 손 빼기는 흑3으로 5도와 같은 형.

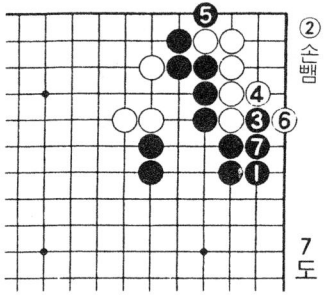

7 도

② 손뺌

7 도(젖혀 죽이기)

3 도의 c , 즉 흑 1 은 어떤가. 백 2 를 손 빼면, 흑 3 으로 젖힌 다음 5 의 젖혀 죽이기이다. 백 6 의 단수에 흑 7 로 이 어가, 백사의 운명에 변 함이 없다.

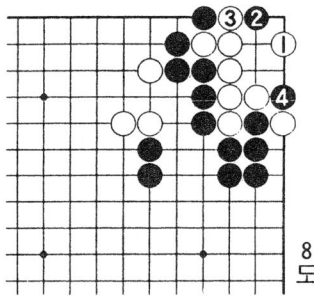

8 도

8 도(살 넓이 없다)

7 도 흑 7 뒤, 백 1 이 라면 흑 2 의 두기에서 4 로 품을 조여, 무조건 사. 아무리 해도 살 만큼의 넓이가 없는 것이다.

7 도의 흑 5 가 중요. 흑 5 에서,

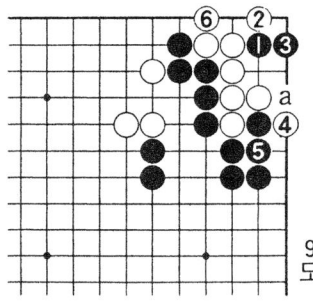

9 도

9 도(흑의 실패)

흑 1 의 붙이기는 백 2 에서 4 의 젖히기가 들 어 6 까지 백 작용. 백 4 의 젖히기가 없으면 흑 1, 백 2, 흑 3, 백 6, 흑 a 로 백 사이지만……

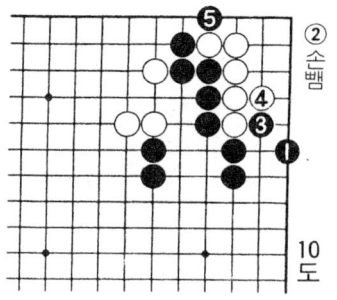

10도(백사)

혹1의 뛰기에 백2의 손 빼기는 혹3·5로 백 사이다.

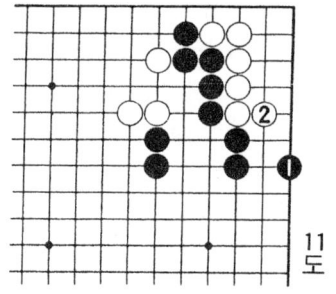

11도(어려운 죽이기)

혹1로 뛰는 변화가 가장 어렵다. 여기까지의 사활은 기본형이므로 대부분의 사람은 알고 있을 것이다.

혹1에는 백2로 살것이지만, 백2를 손 빼기 한 뒤의 변화, 뒤의 죽이는 방법을 알겠는가? 의외로 모른다면?

12도(혹1·3이 호수순)

혹1의 한 칸 뛰기에서 3으로 '2·1 급소'에 놓는 것이 호수순. 이것으로 패가 된다.

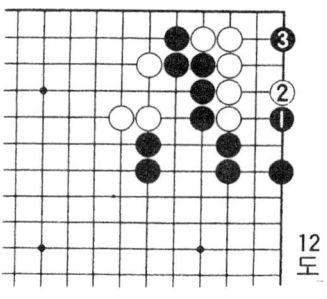

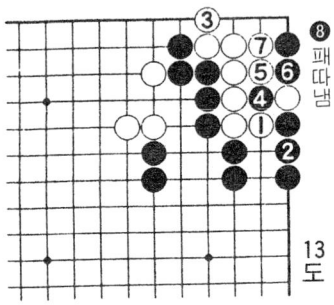

13도

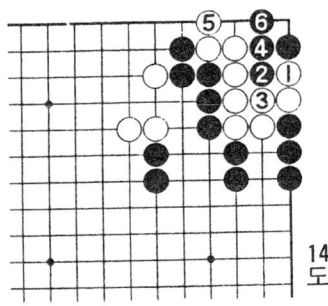

14도

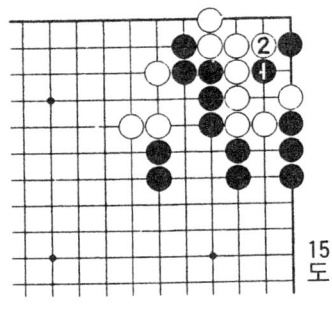

15도

13도(최선의 패)

12도의 흑3에는 본 도의 백1·3 내리기가 최선의 수순이다. 흑4의 던져 넣기가 중요하고, 백5의 취하기를 기다려 흑6, 백7, 흑8의 패가 된다.

수순 중, 백3에서 5, 흑6, 백7, 흑8의 패 취하기로도 패에는 변함이 없다. 그러나, 패에 이긴 때, 백은 3의 내리기가 있는 편이 좋은 것이다.

또 13도의 백3에서,

14도(백사)

백1은 흑2·4·6으로 백사. 또, 13도의 흑4에서,

15도(백삶)

흑1의 손 빼기는 속수. 백2로 간단하게 백산다.

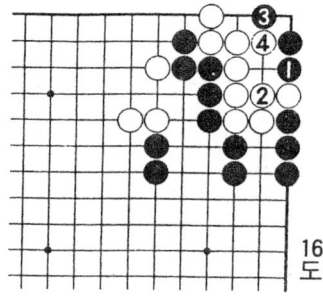

16도 (백 빅 작용)

혹1의 단수는 백2의 잇기. 혹3, 백4로 빅 살기가 된다. 귀의 구부러진 4집과 혼동하지 않기 바란다. 이 형은 구부러진 4집이 아니다.

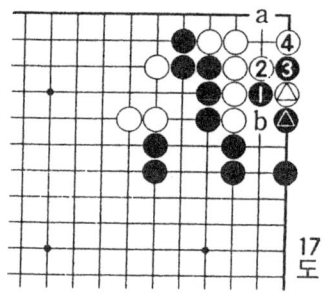

17도 (빼앗기)

12도의 최선 수순, ● △의 뒤, 본도 흑1은 속맥이다. 백2·4가 좋고, 이뒤, 흑a라면 백b의 빼앗기.

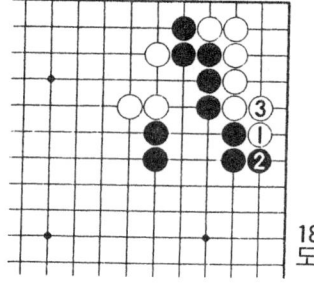

18도 (작용을 봉쇄한다)

백은 사활이 얽힌 여러 가지 작용을 볼수 있다. 그 작용을 봉쇄하는 것은 백1·3이다.

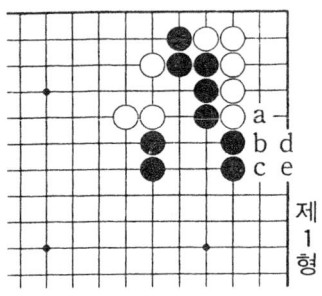

제 1 형

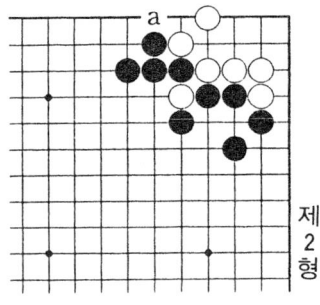

제 2 형

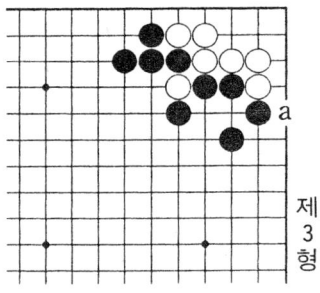

제 3 형

2. 여러 가지 작용

'작용이란 무엇인가?'에 관해서는 대략 알았을 것이라고 생각한다. 이 작용은 초반, 중반, 종반을 막론하고 언제나 나타난다.

작용을 크게 분류하면,

I 사활에 얽힌 작용 (제 1 형 ∼ 제 4 형)

II 사활과는 얽혀 있지 않지만, 우선 손 빼기 불가능한 작용(제 5 형 ∼ 제 6 형)

III 삶을 포함하고 있는 맥(제 7 형 ∼ 제 9 형)

이 세 항목으로 대별된다.

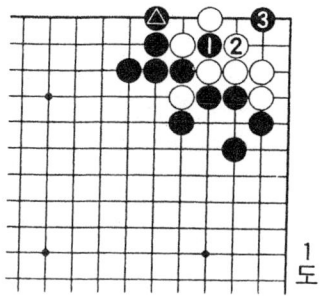

1 도

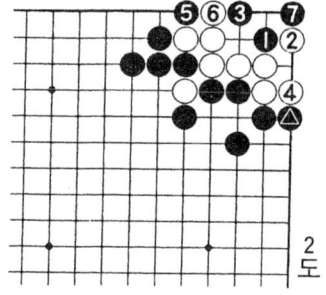

2 도

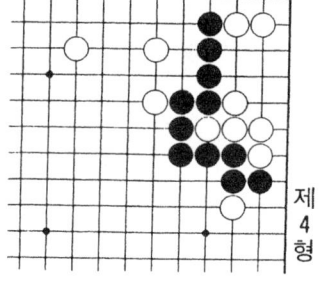

제 4 형

Ⅰ 사활에 얽힌 작용
제 1 형

백의 귀의 사활에 관련되어 흑에서부터 a, b, c, d, e 5 군데가 작용하고 있다는 것은 이미 설명했다.

제 2 형·제 3 형

각각, 흑 a 가 선수 작용이다.

1 도(백 무조건 사)

△에 백 손 빼기는 흑 1 에서 3 으로 백사.

2 도(2 단패)

△에 백 손 빼기는 백 8 까지로 2 단패.

제 4 형

흑에서 어디가 작용하고 있는지 알겠는가.

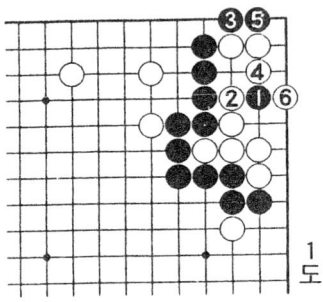

1도(맛은 나쁜 듯하
지만)

백의 형은 맛이 나쁘
지만, 직접 공격으로 언
제라도 백 산다.

흑1로 급소의 놓기에
서 3의 젖히기, 이것이
가장 유력하다. 그러나,
백2·4로 살기를 확보
하고 있다.

2도(양 작용)

이곳은 흑a, 흑b, 모
든 내리기도 살아 있다.
물론, 흑a를 살게 하면
이미 한쪽 흑b의 작용
은 없어지지만……

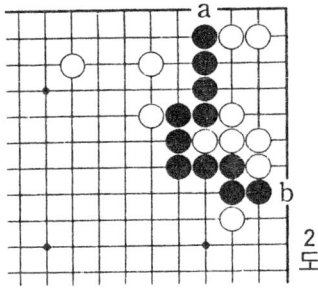

3도(공배 메꾸기)

우선, ●의 내리기에
서부터. 백 손 빼기는 흑
1의 놓기에서 3의 붙
이기가 호수순의 공격이
다. 백의 받기는 4·6
정도의 것. 이어서,

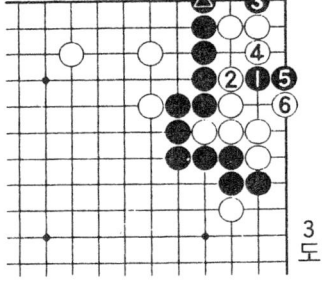

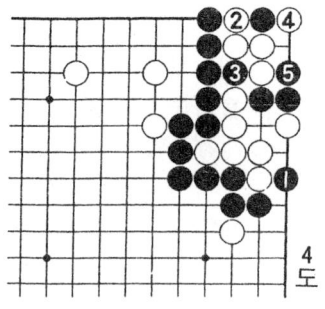

4도(누르는 수 없음)

흑1·3·5. 백은 공배 메꾸기 때문에 누르는 수 없어 백사이다.

3도의 백4에서,

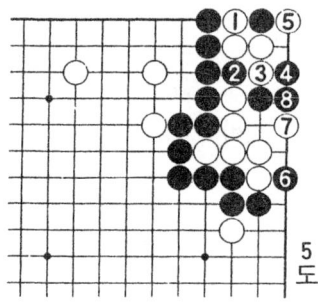

5도(동형)

백1로 차단하는 것도 흑2의 내기에서 4의 젖히기가 맥이다. 백5·7에 흑8로 이어, 4도와 동형인 누르는 수 없음.

6도(놓기에서 백사)

이번에는 ▲의 내리기이다.

역시, 첫수는 흑1 놓기. 백2·4에 흑5로 뻗어 넣기, 백의 공배 메꾸기를 잇고 있다. 이 뒤, 백a라면 흑b에서 단수, 단수로 한 눈밖에 없는 것을 확인한다.

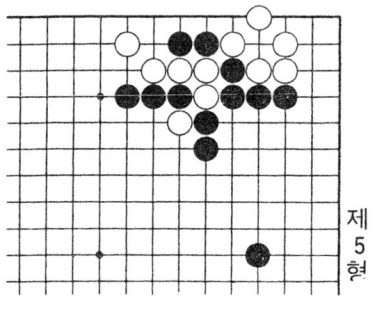

제 5 형

II 사활과는 얽혀 있지 않지만, 손 빼기 불가능한 작용

제 5 형

흑의 화점에 백 날 일자 걸치기, 흑 두 칸 높이 끼우기의 기본 정석이다.

1 도(7 군데의 작용)

흑에서부터 7 군데에 작용하고 있는 것이다. 그것은 흑a에서 g까지 모두 작용이다. 취해져 있는 ● 두 점이 잘 작용하고 있다. 상세하게는 뒤에서 설명하겠지만, 예를 들면 흑d 이렇게 먼 곳까지 작용하고 있는 것이다.

2 도(백 취함)

●에 손 빼기를 하면 취해진다. 흑1에서 3·5의 누르기가 호수순. 이어서,

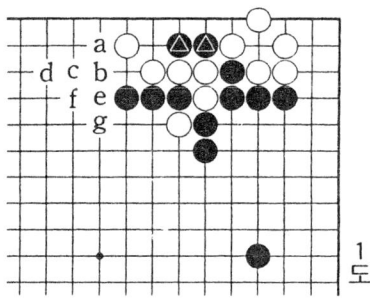

1 도

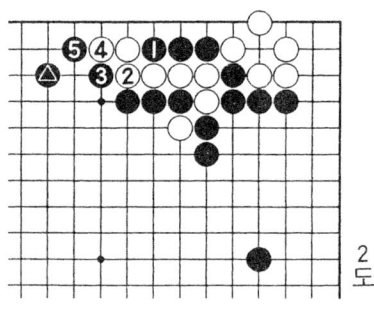

2 도

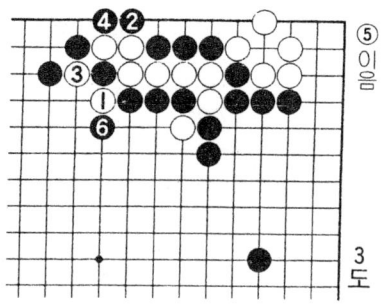

3도(축)
백1·3의 저항에
는 흑4·6의 축. 물
론, 2도가 성립하기
위해서는, 이 축 흑 유
리가 절대 조건이다.

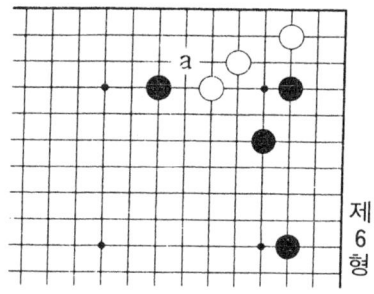

제6형
소목에서 두 칸 높
이 끼우기의 기본 정
석이다. 여기서, 흑a
는 거의 작용이다.

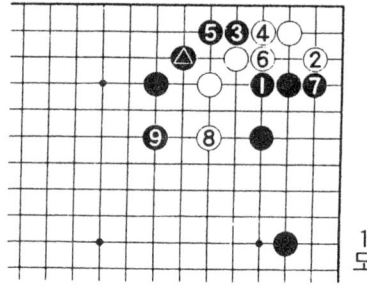

1도(백 근거 없음)
▲에 백 손 빼기
하면 흑1이 공격의
급소, 백8, 흑9까지
백의 근거가 없어진
다.

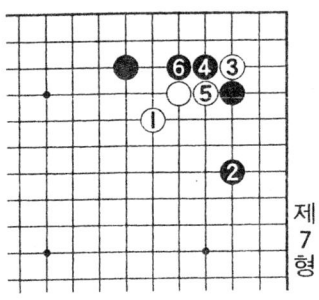

제7형

Ⅲ 작용을 포함하고 있는 맥

제7형

흑의 날일자 끼우기에 백1의 마늘모. 흑2에서 6은 정석의 한 형이다. 여기에서 백은 어떻게 놓을까?

이 뒤, 백은 작용을 포함하고 있는 맥으로 푼다.

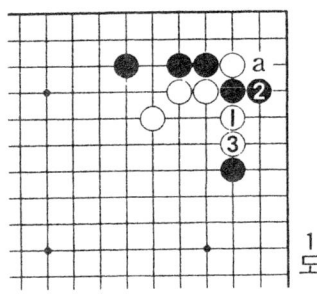

1도

1도(붙여 대기 맥)

백1의 단수에서 3으로 붙여 대는 것이 맥이다. 백은 다음에 a의 누르기를 포함하고 있는 것이다.

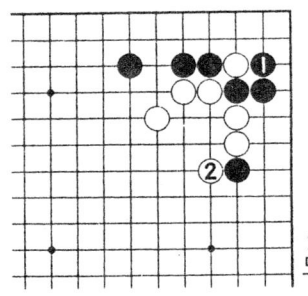

2도

2도(정석)

흑1, 백2까지가 정석 수순이다.

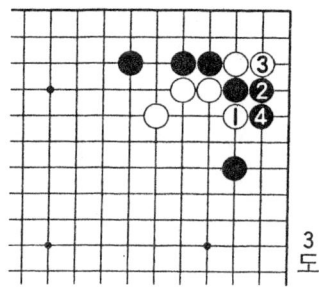

3 도

3 도 (작용은 유보한다)

백 1, 흑 2 때, 곧 작용을 행사하면 실패한다. 백 3 은 흑 4 로 백 무너짐일 것이다. 작용을 유보하여 1 도 백 3 으로 붙여 대는 것이 맥이라는 것을 알 수 있다.

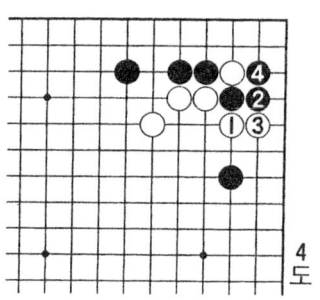

4 도

4 도 (활용법, 알지 못함)

백 3 으로 단도직입적으로 누르는 것은 작용의 활용법을 알지 못하는 사람이다. 흑 4 로 안게 하여 뒤에 놓는 방법에 고생한다.

흑 4 뒤——

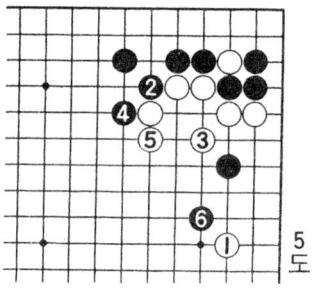

5 도

5 도 (흑 호조)

백 1 의 끼우기라면 흑 2·4 에서 6 의 어깨 붙이기, 백의 형이 무거워 흑 호조이다.

2 도와 비교하면, 분명하다.

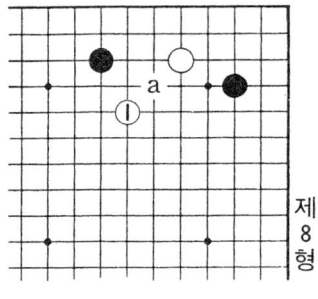

제8형

틈새 뛰기는 대개 작용을 포함한 맥이다.

이 제8형도, 백1의 틈새에 흑a로는 놓을 수 없다. 흑a로 가져가도 잘 되지 않는다.

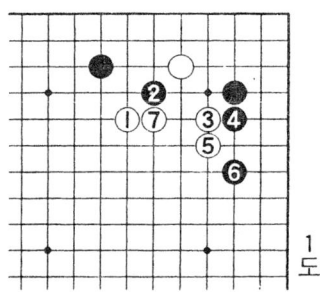

1도(백3·5, 작용)

흑2로 틈새를 붙여도 백3의 날일자 걸치기에서 5의 뻗기가 작용이다. 흑6의 뛰기를 기다려 백7로 잘 정형한다.

이어서——

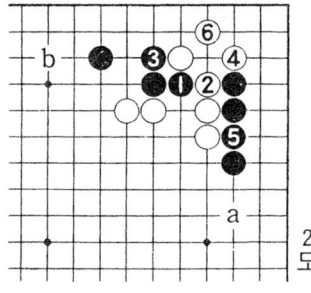

2도(흑 고전)

강인하게 흑1·3은 백4·6이 냉정. a, b의 끼우기가 균형으로, 흑 고전이다.

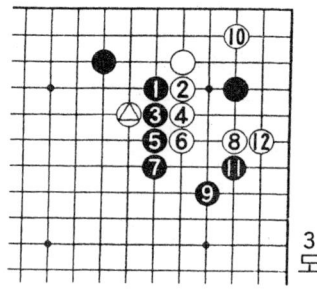

3도(속맥)

흑1에서 백2·4로 밀어가는 것은 속맥이다.

백 12까지 흑 한 점은 취했지만, 흑은 이상적인 외벽. 게다가 ⓓ의 한 점도 무시되어 있다. 백 2·4는 작용의 활용법을 모른다.

4도(정석).

백의 틈새 뛰기에는 흑 1에서 4까지가 정석이 된다.

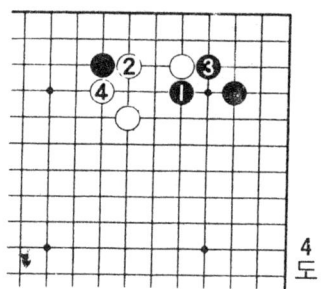

5도(대책은 모른다)

그런데, 3도와 같이 흑1에 백 대책을 모르고, 백 1·3을 정한 다음 5로 틈새에 놓는 것은? 이것은 백a의 틈새 잇기를 방해할 뿐인 놓기이다. 백5에서는 백 1·3의 두꺼운 맛을 살리기 위해서라도 백b로 끼워야 하는 것이다.

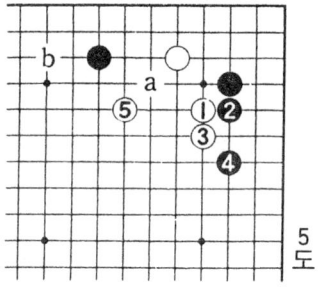

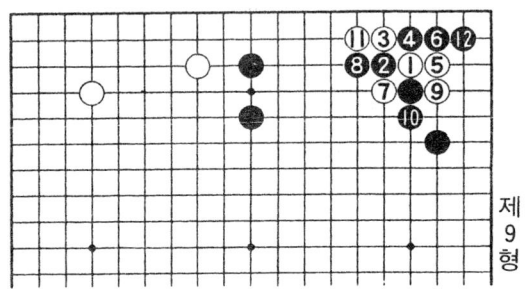

제
9
형

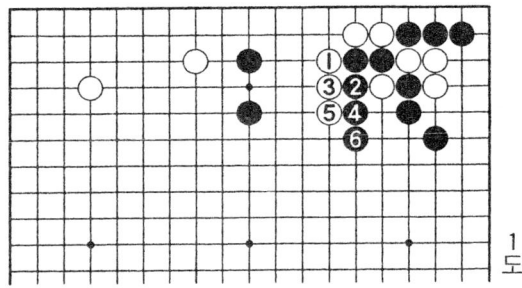

1
도

　제 7 형, 제 8 형에서도 나타낸 것과 같이, 정석 수순에는 살기의 맥이 많이 나타난다.

　능숙해지기 위해서는 작용을 이해하는 것이 필수 조건이 된다. 특히, 하급자가 초단 그리고 유단이 되기 위해서는 무슨 일이 있어도 통과하지 않으면 안될 관문이다.

　제 9 형

　백 1 의 붙이기에서 3 에, 흑 4 에서 12 까지, 잘 된 형이다.

　1 도 (백 무겁다)

　백 1 의 단수로 결정, 3 으로 눌러가는 것은 지나친 책략.

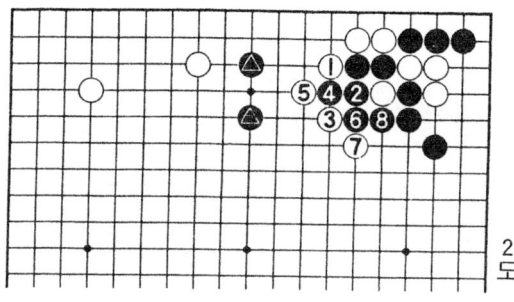

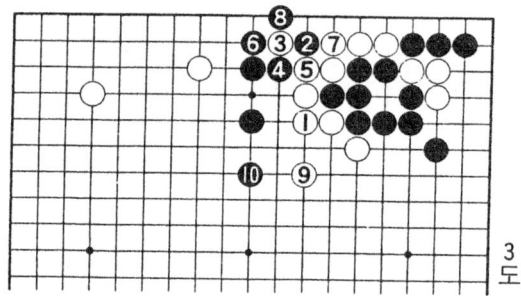

2도(1도보다 낫지만)

백1의 단수에서 3·5. 1도보다는 나은 놓기이다. 그러나, 이 경우는 ● 두 점이 이미 있는 곳에서의 싸움이므로 역시 무겁다.

백7, 흑8 뒤,

3도(공격당한다)

백1이라면 흑2에서 백의 근거를 빼앗고, 백9 때 흑10으로 추격하게 될 것이다.

백1·3·5는 돌의 형이지만, 이 경우는 감탄할 수 없다.

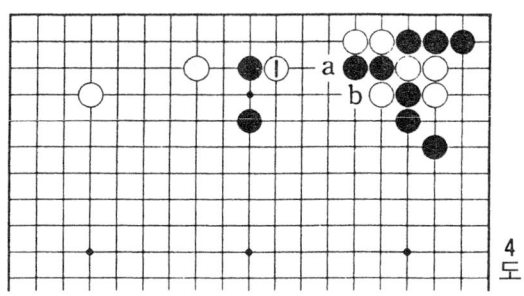

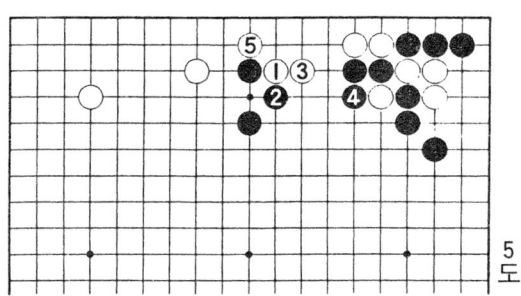

4도(작용을 본다)

이곳은 백a나 b의 단수가 절대 작용이다. 그리고,이 작용을 곁눈으로 노려보면서 백1로 붙여가는 것이 풀기의 맥이다.

1도, 2도와 같이 정면에서 싸우는 장소가 아니다. 적이 강한 곳이므로, 가볍게 풀어 끊어 올리려고 하는 백1이다.

5도(건너기)

백1에 흑2라면 백3. 이어서 백5의 건너기와 백4의 축이 균형이 되어 있다는 것을 알 수 있다.

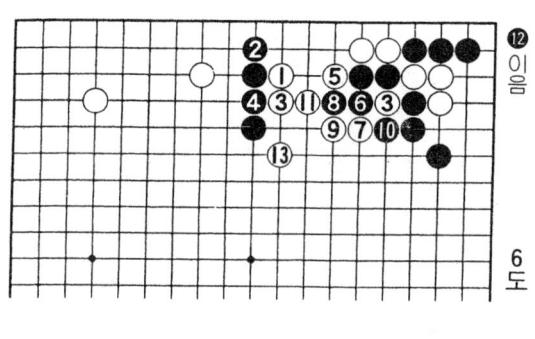

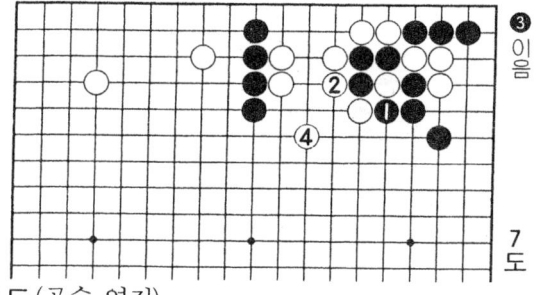

6 도(공수 역전)

그러면, 백 1 의 붙이기에 흑 2 로 내려 강경하게 저항해 가면 어떨까? 이 대책도 알아 둘 필요가 있다.

흑 2 에는 백 3·5 에서 7 이 반격의 강수이다. 이어서, 흑 8 에서 10 이라면 백 11 을 살려 13 의 뛰기. 이 결과는 백 대성공이다. 흑 네 점이 무거워져 있고, 공수를 바꾼느 낌, 백 호조이다.

6 도의 흑 8 에서

7 도(백 좋다)

흑 1 은 백 2·4 에서 6 도와 같은 절단.

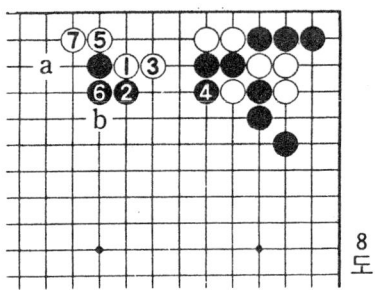

8도(제 9 형과 유사형)

제 9 형과 달리 백 a 및 흑b가 없다. 여기에서도 백 1 의 붙이기가 풀기의 맥이 된다. 흑 2 · 4 라면 백 5 의 젖히기로 푸는 형이 된다.

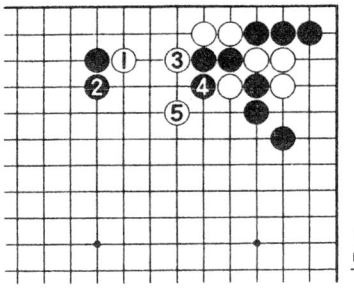

9도(싸움)

백 1 에 흑2 라면 백 3 · 5 에서부터 정형되어 간다.

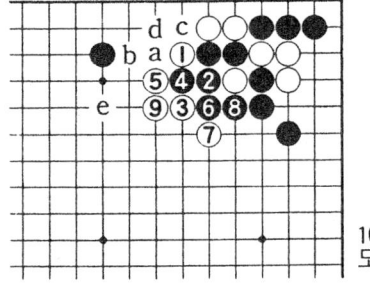

10도(이것도 있다)

이 배석이라면 백 1 · 3 · 5 의 움직임도 있다. 백 9 뒤, 흑a 는 백b, 흑c, 백d 로 호조. 흑은 e 의 뛰기가 보통이다.

제 2 장

작용을 활용하자

작용을 활용하기 위해서는 수순과 타이
밍이 중요하다. 이 기본적인 사고방식을
나타낸다. 작용을 그 나름대로 활용할 수
있으면 바둑이 재미있어지고, 빠르게 능
숙해질 것이다.

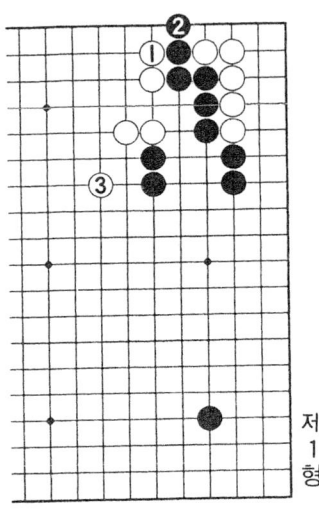

제
1
형

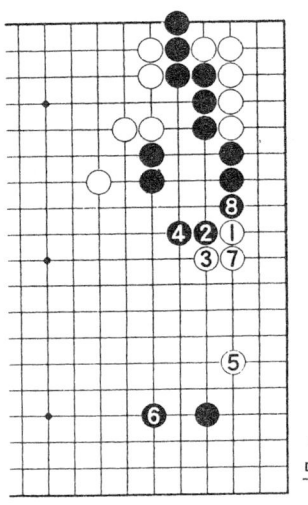

1
도

1. 작용을 어떻게 활용할 것인가?

100점 만점의 작용 활용법이 아니더라도 작용을 활용하려는 자세가 중요하다. 그 마음 자세가 자연스럽게 당신의 상승을 가져다 주기 때문이다.

제1형

백1을 살려 3으로 날일자로 올려 갔다. 백3에 흑 손 빼기 하여——

1도(자주 볼 수 있다) 백1의 끼우기. 접바둑 등에서 자주 볼 수 있는 상용 수단이다. 서툰 흑도 공격당하고 있다고 착각하여, 흑2·4로 붙여 뻗어 도망쳐 낸다. 백5·7로 호형에 이어, 또 공격을 보고 있다.

흑2·4로 붙여 뻗는 것은 우상의 흑의 일단을 약한 돌로 보고 있기

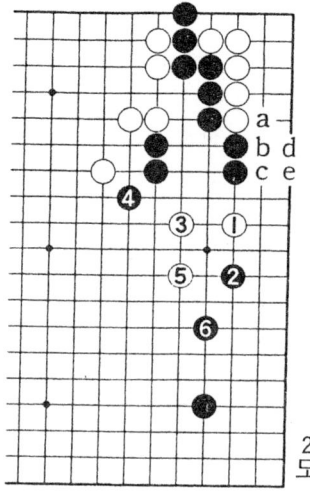

2
도

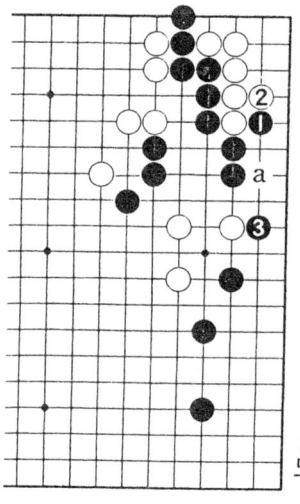

3
도

때문이다. 그러나, 우상의 흑은 정말 약한 돌일까?

2도(우상은 강한 돌)

우상의 흑 일단은 a, b, c, d, e로 작용이 있기 때문에 실은 상당히 강한 돌인 것이다.

이와 같이 인식을 백팔십 도 전환시키도록 한다. 그렇게 하면 흑2로 끼워 놓는 방법이 떠오른다. 흑6 뒤,

3도(건너기)

우변은 흑1의 젖히기에서 3으로 건너기. 흑 a가 우상의 백에 작용하고 있다는 것은 방금 서술한 그대로이다.

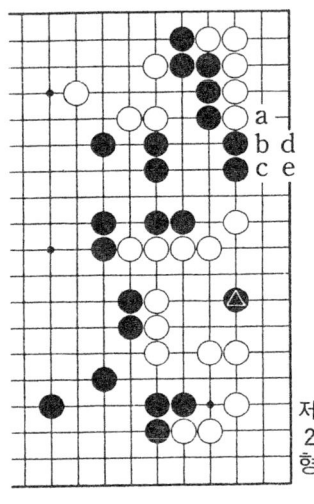

제2형

제 2 형 · 흑선

우상귀의 백에 대해 흑부터 a 이하 e 까지 살아 있는 것은, 이제까지 몇 번이나 강조한 그대로이다.

작용을 교묘하게 이용하면 ⬣ 한 점은 환생할 수 있는 것이다. 5 군데의 살기 중, 어느 작용이 좋을까?

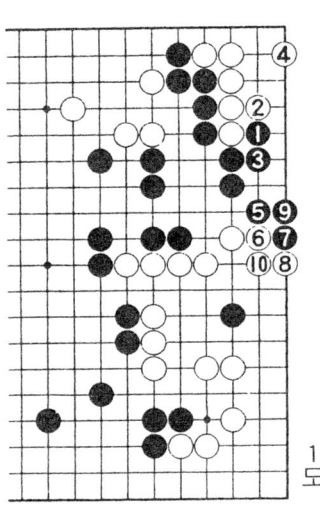

1도

1도(찔러 넣기가 부족)

대개 사람들은 흑 1·3 의 선수 젖혀 잇기, 흑 5·7·9 의 선수 젖혀 잇기로 만족하지 않을까.

만일, 이 놓기를 하고 있는 사람이 있다면 앞으로는 그만두었으면 한다.

이것은 단순한 종반패로, 찔러 넣기 부족이다.

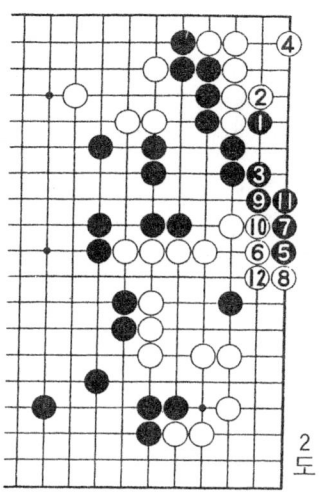

2 도

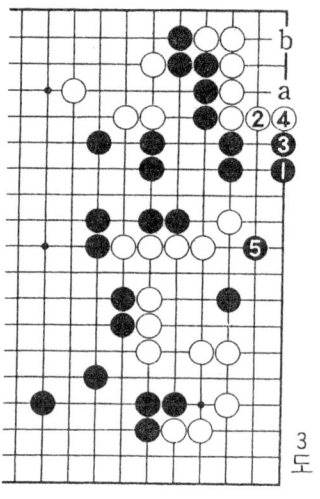

3 도

2도 (1도보다 좋지만)

흑1·3도 작용하고 있다. 백4의 수비를 뺄 수 없다.

흑5의 눈목자 미끄러지기로 마무리하려는 것이지만, 이것도 찔러 넣기 부족. 1도보다는 그런대로 괜찮지만── 작용을 이용하면 더욱 날카로운 쳐들어가기가 가능하다.

3도 (환생)

5군데의 작용 중 흑1로 살리는 것이 최선이다. 백2의 손빼기는 흑4, 백a, 흑b에서 패가 된다.

따라서, 백2를 빼지 않고 흑3을 살려 5의 뛰어 넣기가 가능하다. 흑 한 점은 훌륭하게 환생했다.

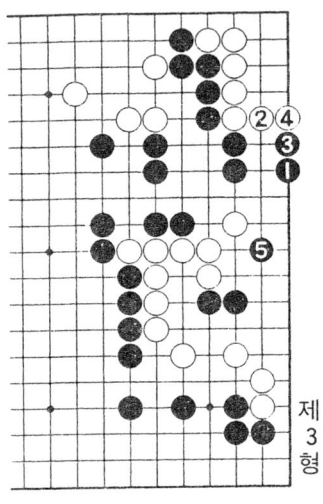

제3형

제 3 형 · 흑선

제2형과 거의 같은 살기를 활용하고 있다.

흑 1 의 뛰기가 좋고, 흑 5 로 뛰어 넣어 우하의 백 일단은 위험하다.

작용의 활용법을 터득하면 재미가 배가한다. 이런 장면이 있으면 헤매지 말고 흑 1 이하를 정한다.

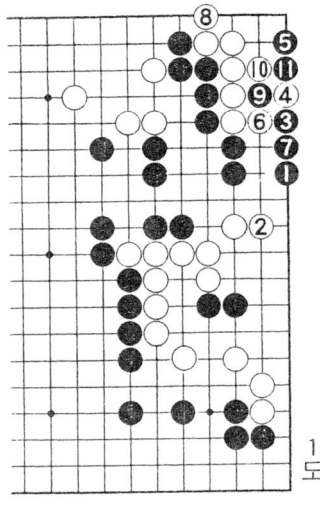

1도

1 도(패로 버티는 수밖에 없다)

이 경우는 제 3 형 흑 5 로 뛰어 넣어지면, 우하의 백의 생사에 관계되기 때문에 백 2 로 지키고, 흑 3 · 5 이하 11까지의 패로 버티는 수밖에 없을 것이다.

작용과 작용의 활용법을 알고 있어야 놓을 수 있다.

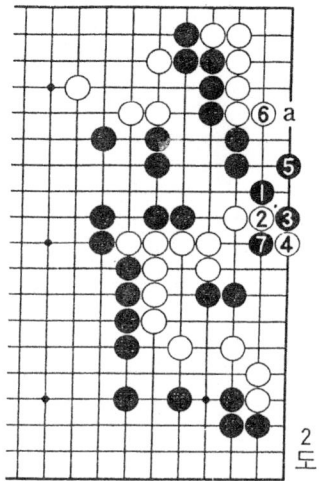

2 도

2 도(백 경솔)

흑1·3은 작용을 모르는 놓기이다. 여기에서 백4로 누르는 것은 경솔하다. 흑5의 마늘모가 흑a의 뛰기에서부터의 패 겨냥과 흑7의 패를 균형이 되게 하는 호수가 되기 때문이다.

단순한 종반의 패 흑1·3이 백의 잘못된 받기 때문에 큰 패로 발전했다.

3 도(백, 안심)

흑1·3에는 따라서 백4로 받는 것이 정착이다. 최악인 제3형이면 생사가 명확치 않다.

백 우선 안심, 좋은 모양이다.

작용의 이용법을 아는 것과 모르는 것의 큰 차이를 알았을 것이다.

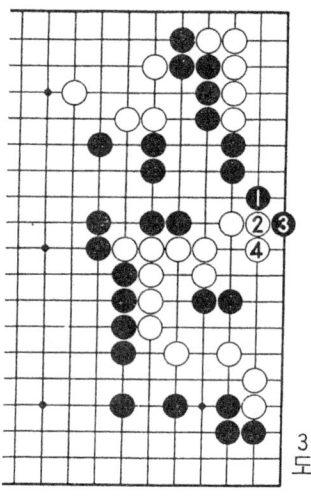

3 도

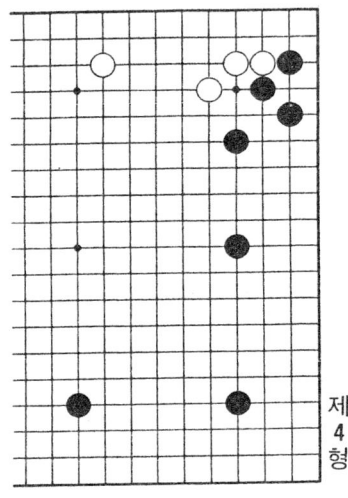

제 4 형

제 4 형 · 흑선

우변에서 우하에 걸쳐 흑 모양이 만들어져 있다. 이 흑 모양을 더욱 확대시키고 싶은데, 과연 어디가 작용하고 있을까.

우상의 백의 형에 대해 작용을 활용하면 큰 모양을 구축할 수가 있다.

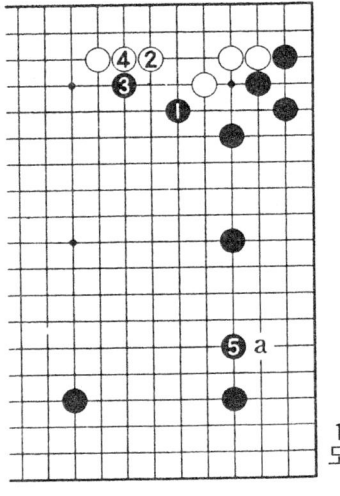

1 도

1 도(흑 1·3, 작용)

흑 1 의 날일자에서 3 의 빼기가 선수이다. 백 4 의 잇기를 기다려 흑 5 로 준비, 우변 일대가 큰 모양이 되었다. 백에서부터 실마리는 없다. 백 2 서 a 로 두면, 흑 2 로 백 세 점을 취할 수 있어 대전과.

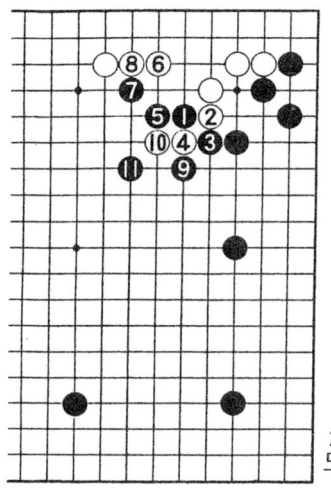

2도

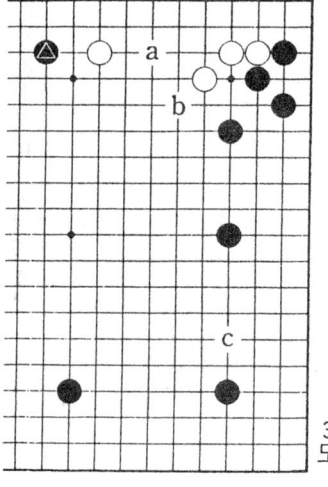

3도

2도(내끊기 성립
하지 않는다)

흑1의 날일자 걸
치기 때, 백2·4의
내끊기는 성립하지 않
는다. 흑5·7을 정
하여 9로 안는다. 이
것은 축이 아니다.

백10의 도망쳐 내
기라면 흑11의 장문
에 걸려 있다.

3도(상황이 다르
다)

이미 ▲의 메꾸기
가 있을 때는 상황이
달라진다. ▲의 겨
냥은 흑a의 놓기. 따
라서, 흑b는 백a에서
이 놓기를 없애 맛을
지운다. 이런 경우는
흑a로 놓던가, 흑 c
로 지켜야 할 것이다.

38

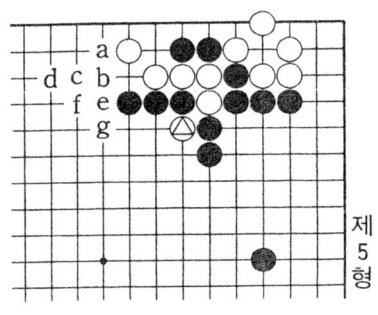

제5형

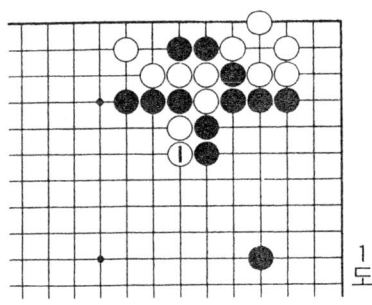

1도

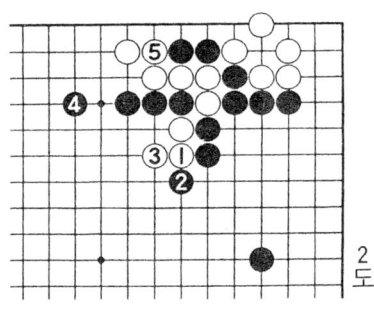

2도

제5형·흑선

이 그림은 화점의 두 칸 높이 끼우기 정석의 기본형의 한 형이다. 흑a라면 부호 순으로 g까지, 7군데의 작용이 있는 것이다. 따라서, △의 한 점은 취해질 것, 도망칠 수 없다.

1도(단호, 반격)

그러나, 그림과 같이 단호한 태도가 바람직하다.

2도(바른가?)

흑2로 머리를 치고, 흑4로 살렸다. 과연, 흑4는 바른 놓기일까?

이어서 백5는 어쩔 수 없다(백5의 손빼기는 흑5로 취해지고).

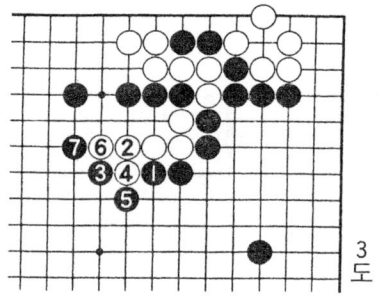

3도

3도(장문에 걸친
다)

여기에서 흑1·3
으로 장문에 걸치려
고 하는 것이다. 백
6, 흑7에 이어,

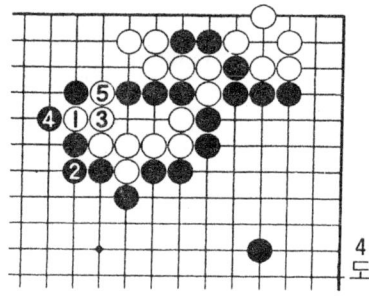

4도

4도(장문은 깨진
다)

백1의 갈라 넣기
가 좋고, 백5까지 장
문이 깨진다.

2도 흑4의 작용
에서는 백을 잡지 않
는 것이다. 그러면 어
떻게 놓으면 좋을까.

5도(흑1, 최선)

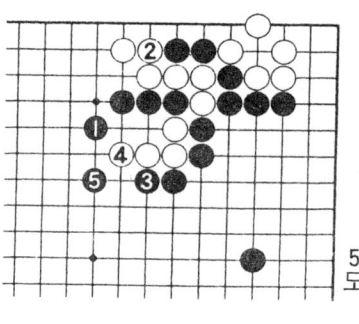

5도

흑1의 마늘모로
살려 3·5의 장문.
이것이 최선으로 백
은 탈출할 수 없다.

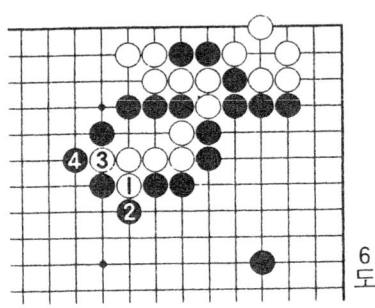

6도

5도 흑5의 장문에,

6도(쓸데없는 저항)

백1·3은 쓸데없는 저항. 흑4로 눌러져 아무래도 탈출 불가능이다.

또 5도 흑1에

7도(백 찌부러짐)

즉, ●의 마늘모에 백1로 도망치는 것은 흑2·4·6으로 백 찌부러짐이다.

이어서──

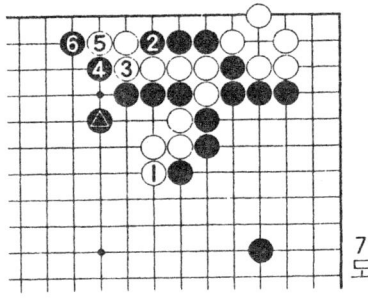

7도

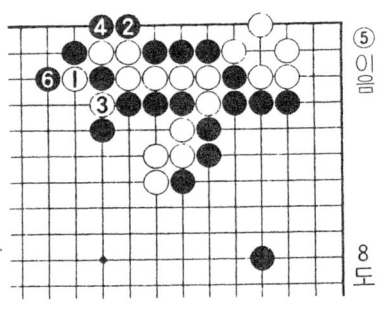

8도

8도(축)

백1·3으로 저항해도, 흑4·6의 축

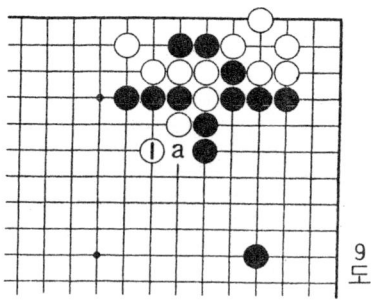

9도(마늘모는?)

백 a 는 도망칠 수 없다는 것을 알았다. 그렇다면, 백 1 의 마늘모는? 결론부터 말하자면, 이것도 취해진다.

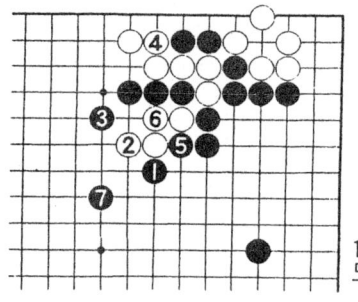

10도(마늘모 살리기)

흑 1 로 붙여 백 2 뻗으면 흑 3 으로 놓는 것이 요령이다. 백 4 가 절대로 흑 5 로 단수, 7 의 날일자 장문까지이다. 이것으로 백은 잡히고 만다. 또 백 2 에서 한 길 아래 젖히는 것은 흑 2 로 끊어 백의 요석이 도망칠 수 없다.

11도(되놓기)

백 1 이하의 저항은 흑 6 의 되놓기.

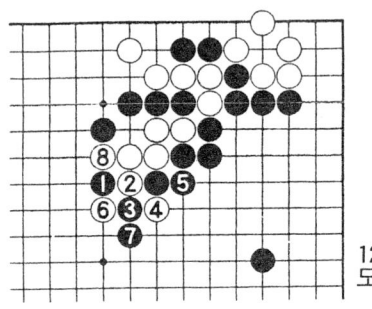

12
도

10도의 흑7 날일
자 장문이 중요——
12도(단순한 장문
은 안된다)
흑1의 단순한 장
문으로는 백2·4로
도망쳐 흑의 그물눈
이 벌어진다.

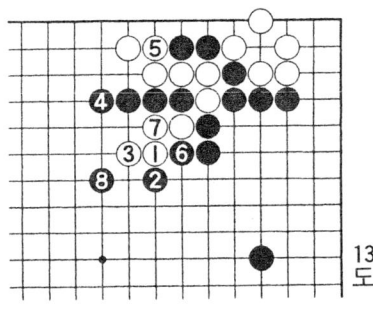

13
도

13도(나란히는!)
백1·3 때 흑4의
나란히로 살리는 것
은 어떨까? 백5에
흑6·8로 장문에 걸
치려는 수 읽기 맥.
그러나, 이 살리기는
잘 되어 가지 않는
다.

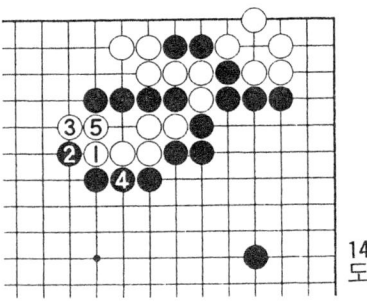

14
도

14도(탈출)
백1·3에서 5의
잇기로, 간단히 백 탈
출.
10도 흑3의 마늘
모 이외로는 잘 되어
가지 않는다.

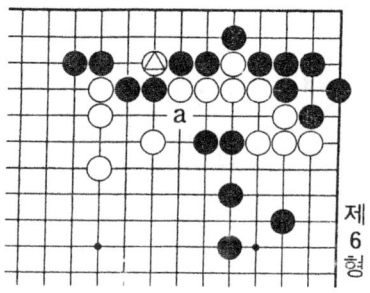

제 6 형

제 6 형 · 백선

우상의 백이 위험하다. 백a로 연결되어 있으나 전체를 겨냥당한다. 백a를 빼고, 더욱 좋은 수가 있는 것이다.

넣어져 있는 ⬡ 한 점이 작용하여 흑집에 활동이 일어난다.

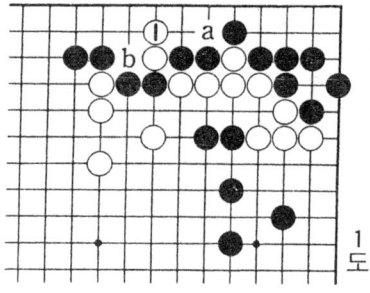

1 도

1 도(작용이 있다)

백 1 의 내리기, 이로써 흑 진영은 무너진다. 흑a는 백b의 끊기로 흑 두 점이 취해진다.

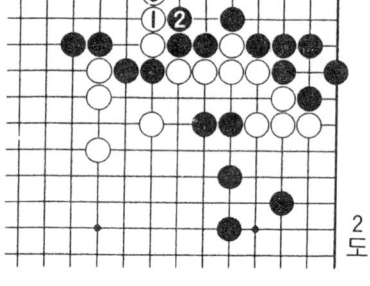

2 도

2 도(1 선 내리기가 호수)

따라서, 백 1 에는 흑 2 로 공배를 메꾸는 수밖에 없다. 그리고, 백 3 의 1 선내리기가 호수.

44

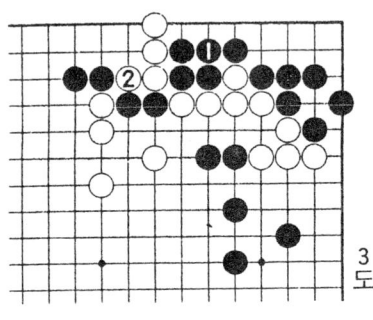

2도 백3의 호수에,

3도(균형)

빼앗기를 막고 흑 1의 잇기라면 백2의 끊기까지, 이것은 간단하다.

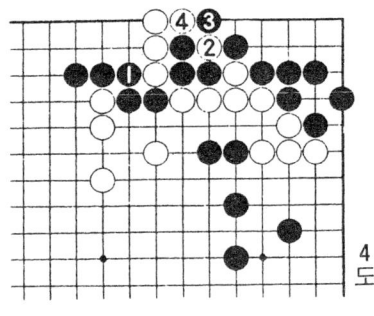

4도(빼앗기)

또, 흑1로 흑 두 점을 도우면, 백2의 던져넣기에서 4의 빼앗기.

2도의 백1·3은 끊는 맛을 곁눈으로 노리면서, 작용을 교묘하게 활용한 맥이다.

5도(이맥)

백1, 흑2 때 백3으로 단수를 하는 것은 이맥. 백a의 수가 성립하지 않기 때문이다.

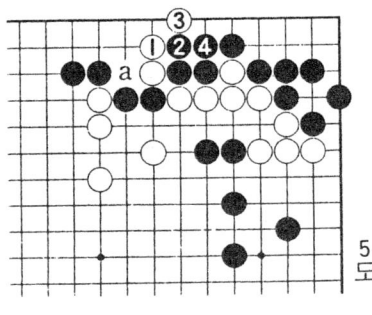

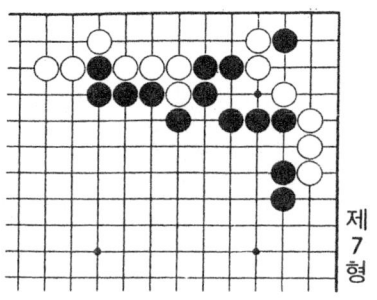

제7형

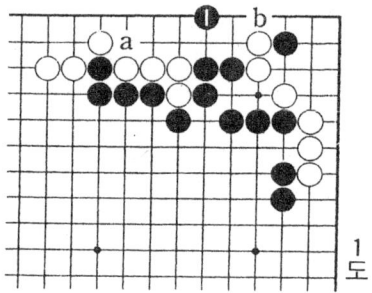

1도

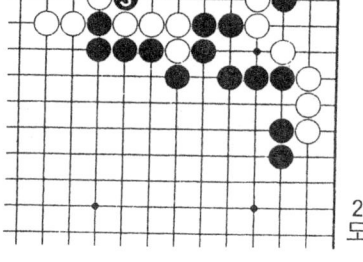

2도

제 7 형 · 흑선

이 형을 보고 '아하 —— 그 맥이구나' 하고 알아차린다면 상당히 강한 것. 백은 우상귀, 상변이 맛나쁨. 그 두 개의 맛나쁨을 찌르는 맥이 요구된다. 양쪽 맛 나쁨에 들을 것 같은 맥이 있는 것이다.

1도(양 작용)

흑1의 한 칸 뛰기, 이에 수 있다. 흑a의 끊기와 흑b의 건너기를 양쪽에 살리고 있다.

2도(끊기)

흑1에 백2로 건너기를 막으면 흑3의 끊어 넣기. 이것으로 패가 된다.

2도에 이어서——

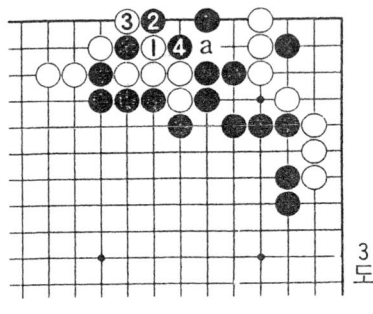

3도(빼앗기)

백 1·3으로 취하는 것 이외에는 없지만, 흑 4로 패 잇기가 빼앗기. 백 3에서 4는 흑 a로 무조건 취해진다. 확인하기 바란다.

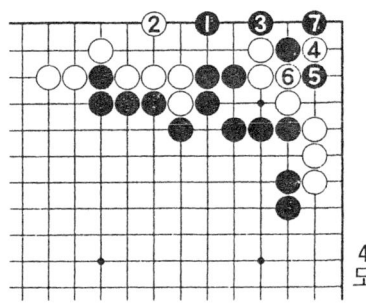

4도(건너기)

흑 1에 백 2로 3도의 빼앗기를 피하면 흑 3으로 건넌다. 백 4·6에 흑 7로 역시 패로 가져갔다.

이 뒤,

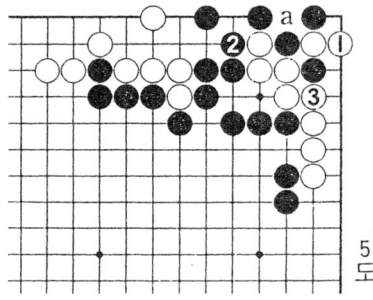

5도 (귀로 파고든다)

백 1에 흑 2로 귀로 파고들어간다.

백 a의 패는 흑의 꽃놀이패, 백 싸울 수 없다.

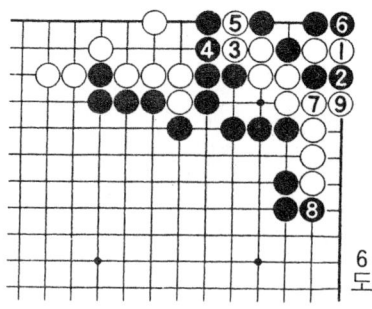

6
도

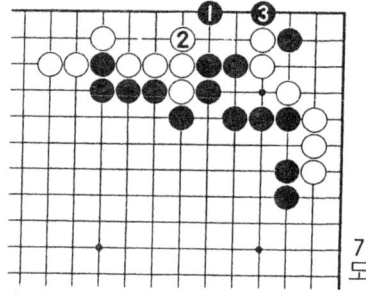

7
도

6도(종반패)

5도의 변화. 백1
의 내리기에 흑2로
가는 것은, 백3에서
7. 흑8의 누르기
가 선수가 되지만,
백9로 종반패. 종
반패에서는 흑도 끝
까지 싸울 수 없다.

7도(백은 공배 메
꾸기)

흑1에 백2는 흑
3으로 4도보다 백
나쁘다. 백은 공배 메
꾸기이다.

흑3 뒤 ──

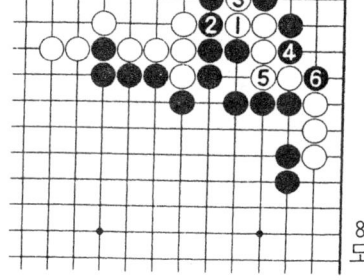

8
도

8도(백 찌부러짐)

백1·3으로 반격
하려는 것인데, 흑4
·6의 빼앗기. 백 찌
부러짐이다.

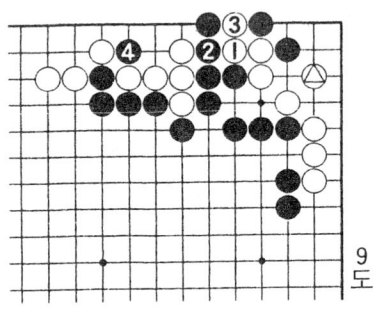

9도

9도(△이 있으면)

만일, △이 있으면 백1·3은 성립한다. 그러나, 이번에는 흑 4의 끊어 넣기에서 빼앗기.

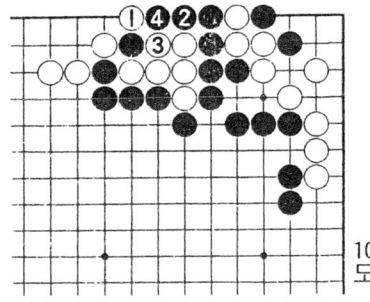

10도

9도에 이어서—
10도(빼앗기)

백1·3에 흑4의 빼앗기는 명백하다. 백1·3도 흑2 이하, 빼앗기에 변함 없다.

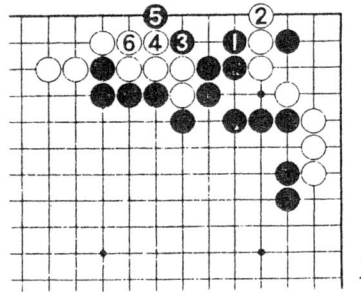

11도

11도(실패)

흑1·3·5는 단순한 종반으로 실패이다.

작용을 포함한 양쪽 겨냥의 맥이었다.

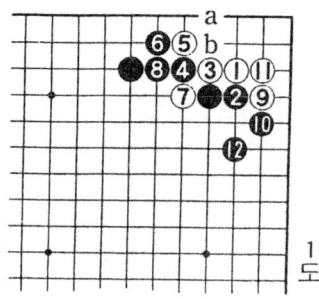

1 도

제 7 형과는 다른 관점에서 작용의 활용법을 보기로 하자.

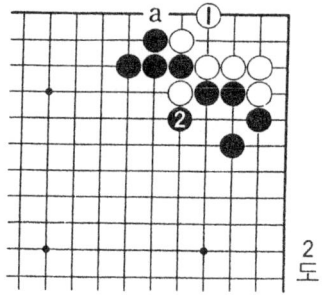

2 도

1 도(기본 정석)

흑의 화점에서의 눈목자 조임에 백 1로 3·3에 뛰어드는 것이다.

그리고, 백 11, 흑 12 뒤, 백 a의 걸쳐 잇기, 백 b의 굳게 잇기, 두 가지의 연결 방법이 있다.

이미, a와 b의 잇는 방법에 의해 작용이 달라진다는 것도 배웠다.

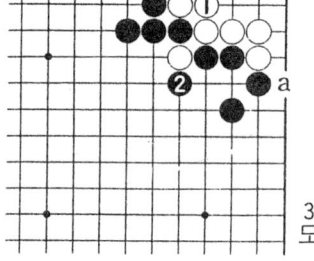

3 도

2 도(걸쳐 잇기는?)

즉, 백 1 이라면 흑 a의 내리기가 작용.

3 도(굳게 잇기)

또, 백 1 이라면 흑 a가

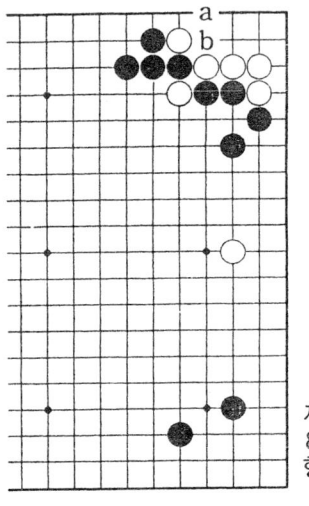

제 8 형

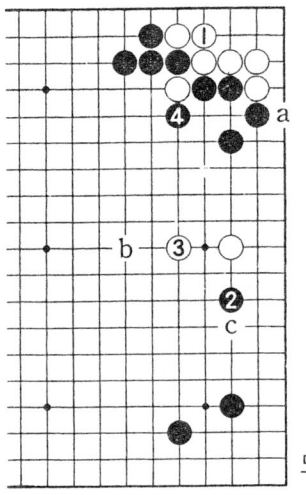

1 도

작용한다.

이 2도, 3도의 다른 작용은 흑부터 활용될 뿐만이 아니고, 백도 응용할 수 있다.

구체적으로 설명해 보자.

제 8 형 · 백선

우변만의 부분도이지만, 여기서 백a의 걸쳐잇기가 좋은지, 그렇지 않으면 백b의 굳게 잇기가 좋은지. 그것이 테마이다.

우선, 실패의 예부터 ……

1 도 (굳게 잇기는 적절하지 않다)

이 경우 백1의 굳게 잇기는 적절하지 않다. 흑2로 한 점 메꾸고, 백3을 기다려 흑4의 안기. 흑a의 내리기가 작용하고 있으므로 우변의 백 두 점 버티기가 어려워져 있다. 흑b의 칼끝

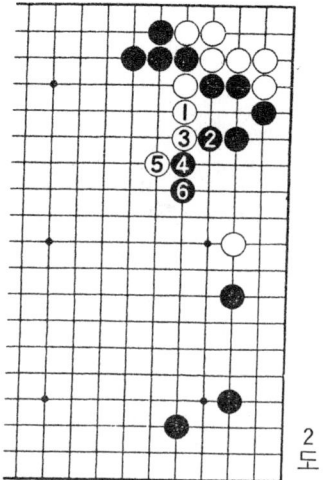

2
도

도 상당히 엄한 수가 된
다.

흑2에서 단순히 4라
면 백c로 벌려 백이 편
하다. 그러므로, 흑2로
메꾸는 한 수이다.

백3에서——

2도(삼켜진다)

백1·3·5로 움직이
는 것도 흑6까지. 우변
의 백 한 점이 삼켜지므
로 감탄할 수 없다.

3도(걸쳐 잇기가 정
착)

이 배석에서는 백1의
걸쳐 잇기가 정착이다.
역시, 흑2로 메꾼 다음
4로 안는다. 이래도 우
변은 흑의 세력권이므로
괴로운 입장임에는 변함
이 없다.

그러나, 괴롭지만 3
도는 흑a가 작용하지 않
으므로 그만큼 버티기
가 편하다.

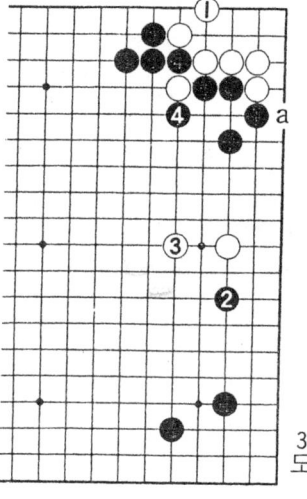

3
도

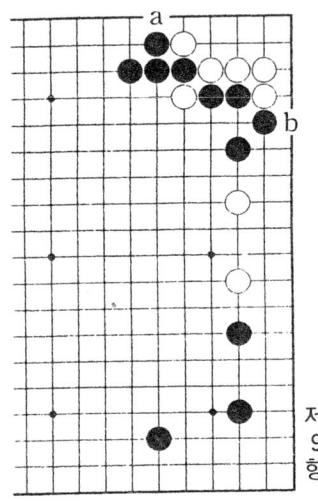

제 9 형

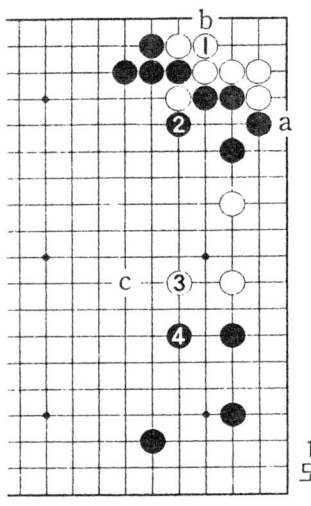

1 도

제 9 형 · 백선

제 8 형과 같은 진형이다. 역시, 우변, 흑의 세력권 안에서 백은 걸쳐 이을까, 그렇지 않으면 굳게 이을까?

이제까지의 설명으로, 싸움이 일어날 것 같은 작용을 죽여 두는 것이 바르다는 것은 알 수 있을 것이다. 흑a와 b의 작용, 어느쪽을 봉쇄해 두는 것이 좋을까, 그것은 명료하다.

1 도(실패)

백 1은 흑a가 작용하고 있는 것은 설명한 그대로이다. 현재, 우변이 전장이 될 기미가 농후. 즉, 백 두 점의 공방이 초점이다. 그렇다면, 흑a의 작용은 없는 편이 낫다.

백 1은 b로 걸쳐 잇는 때이다.

백 1, 흑 2 뒤, 백 3 이

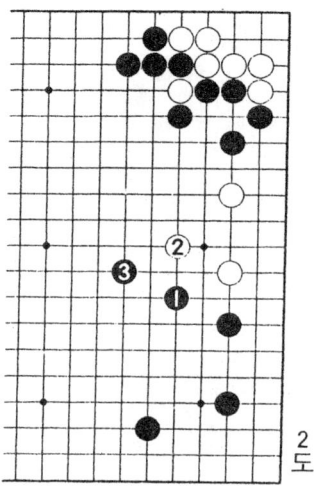

2도

라면 흑4로 자신의 자세를 군히면서 흑c의 칼끝 공격의 찬스를 겨냥하고 있다. 흑a가 작용하는 만큼 칼끝 공격의 위력도 크다. 백1의 군게 잇기는 잇는 쪽 실패임을 알 것이다.

　2도(공격은 날일자)

　'공격은 날일자'의 격언대로 흑1·3으로 공격당해 백 응수에 곤란.

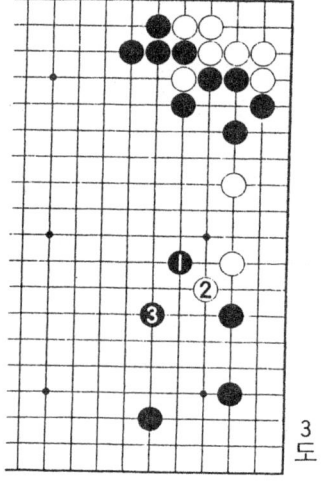

3도

　3도(공격은 칼끝)

　또 '공격은 칼끝'의 격언대로, 흑1로 공격당해도 곤란하다.

　흑의 세력권에서의 싸움, 백은 세심한 주의를 해야 할 것이다.

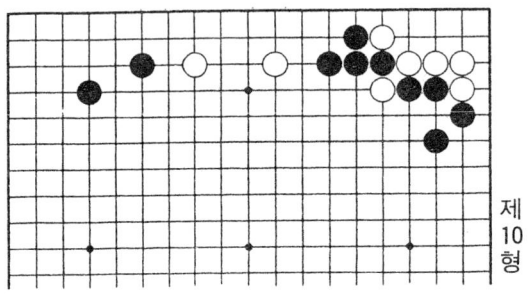

제
10
형

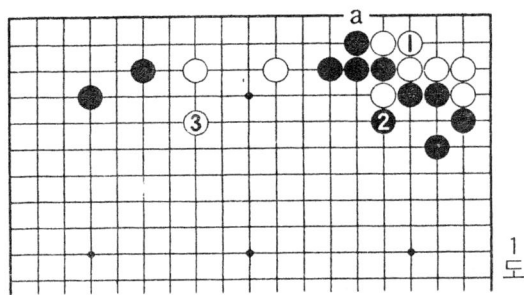

1
도

제 10 형 · 백선

이런 국면에서는 걸쳐 잇기와 굳게 잇기, 어느쪽이 바를까.

싸움이 일어날 가능성이 많은 쪽의 작용을 죽여 둔다. 그 원칙을 응용하면 어느쪽의 잇기가 좋은지 분명해진다.

1 도(굳게 잇기가 정착)

백 1 의 굳게 잇기가 정착이다. 이것은 흑a의 내리기가 작용하지 않으므로 백 두 점의 버팀이 그만큼 편해진다.

흑 2 의 안기를 기다려 백 3 으로 뛰어 둘 것이다.

아직, 공격 맞이 남아 있는 것은 백도 각오해야 한다.

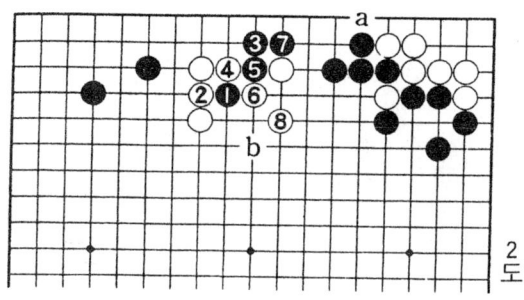

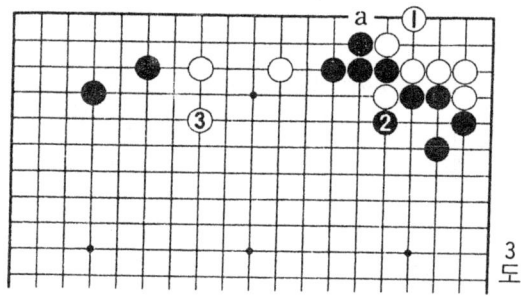

2도(찌르기의 맥)

흑a의 내리기가 작용하지 않아도 흑1의 버티기에서 3의 날일자 정도의 공격은 남아 있다. 흑1·3이 찌르기 맥이므로 백도 어쩔 수 없다.

흑3에는 여러 가지 변화가 있는데, 백4·6·8이 그 일예. 백8에서 b로 가볍게 놓는 경우도 있다.

3도(주전장에서 작용)

백1의 걸쳐 잇기는 흑a가 주전장(主戰場) 방향으로 작용하고 있는 것이 크다는 것은 말할 필요도 없다.

작용을 봉쇄하는 것도 작용의 활용법과 표리일체를 이룸.

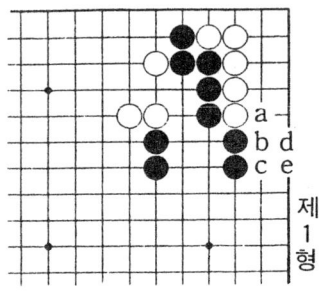

2. 작용과 살리기의 시기

'1. 작용을 어떻게 활용할까?'로 작용의 기본적인 이용법을 이해했으리라고 생각한다.

단, 어디까지나 '기본적인 이용법'이고, 그 작용이 절대로 듣는다는 전제하에 설명했던 것이다.

그러나, 어떤 작용이 언제라도 듣는다고는 단정할 수 없다. 그 작용을 실행에 옮긴다. 즉, 살리기의 타이밍이 문제가 되는 것이다. 논(論) 보다 증거. 구체적으로 설명해 보자.

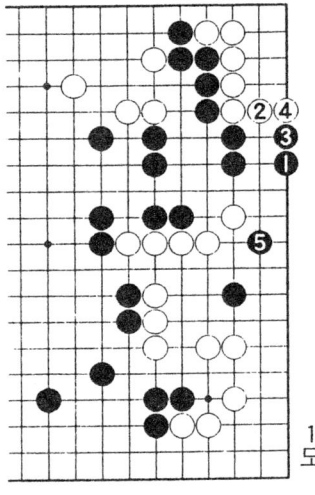

제 1 형·흑선

몇 번이나 강조했지만, 흑부터 a, b, c, d, e, 5 군데의 작용이 있다.

1 도(큰 찌르기)

본도는, 이미 앞의 제 2 형에서 설명한 것이다. 이 배석에서는 흑 1 이 5 군데의 작용 중 최선의 살리기로, 흑 5 로 되는 흑집을 크게 찌른다.

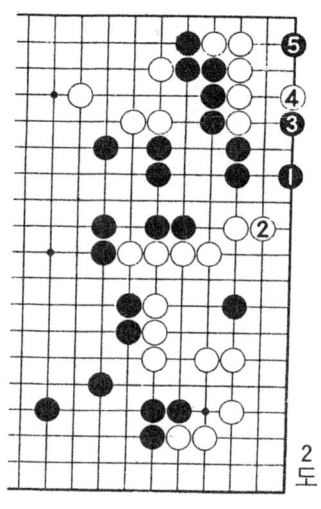

2도

2도(백 패 세우기가 유리하다면)

그러나, 가령 백 패 세우기가 유리하다고 하자. 흑1에는 백2로 저항하고, 흑3·5에는———

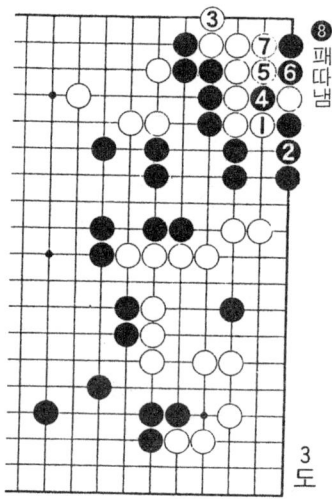

패따냄

3도

3도(패 싸우기)

백1·3에서 7로 패로 버텨 갈 것이다. 백에 패 세우기가 많다면 흑은 이 패에 이길 수 없는 것이다.

따라서, 1도 흑1에서 5까지 찌르기 위해서는, 패 세우기 흑 유리가 조건이 된다.

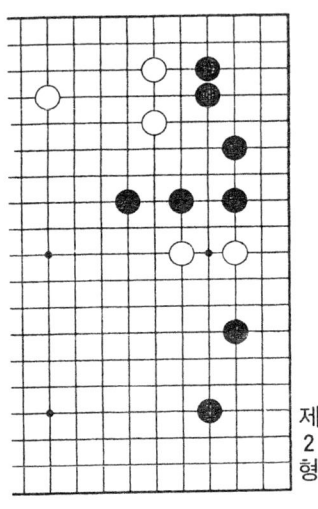

제 2 형

'작용과 살리기'를 정리해 보자.

1. 어디에 작용이 있는가.

2. 작용이 2군데 이상에 있는 경우 어디를 살리는 것이 최선인가.

3. 그 작용을 실행에 옮긴 경우, 즉 살린 경우, 전국적으로 보아 상대가 들을까. 반발은 없을까.

이런 수순으로 살리기의 타이밍이 정해진다.

제 2 형·흑선

우변의 백 두 점은 근거 없음. 강력하게 공격한 것이다.

1 도(무겁다)

흑 1로 빼고 백 2의 잇기를 기다려 흑 3으로 칼끝이 되게 하는 때이다.

요컨대 백돌을 무겁게 하여 공격한다. 이것이 공격의 철칙이다.

흑 3의 칼끝 전에 흑

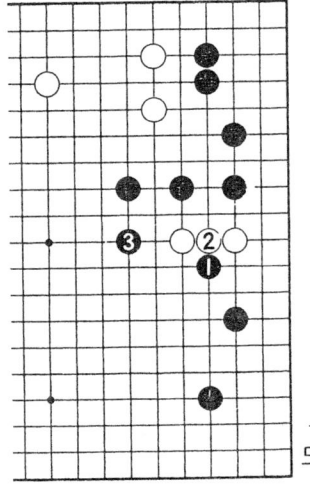

1 도

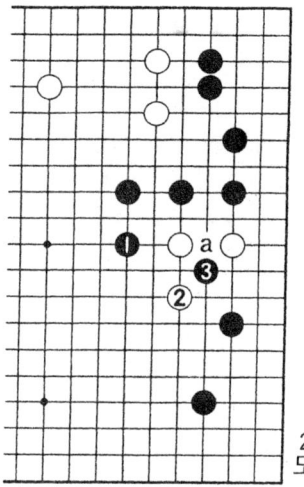

2도

1로 빼어 살리는 것이 살리기의 절호의 타이밍 이다.

2도(수순 전후)

흑1의 칼끝. 백2에 흑3으로 빼기를 살리려 해도 이미 늦는다. 백a 로는 이어 주지 않는다.

흑3에는――

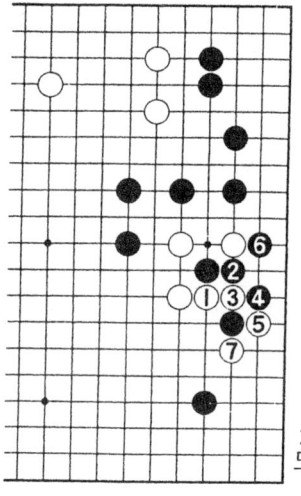

3도

3도(반발)

아마 백1로 반발해 올 것이다. 흑2・4에는 백 5・7의 축. 백은 크게 뻗은 형이다.

흑은 살리는 타이밍을 실수했다.

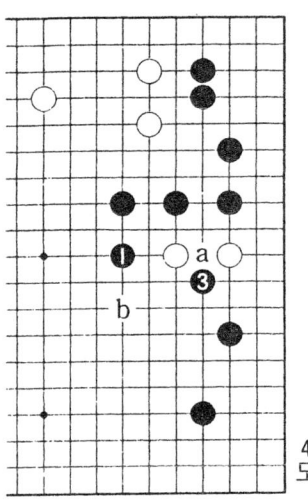

4 도

4 도(살리기가 되지 않는다)

흑 1 의 칼끝에 백 손 빼기를 하려 할 것이다. 백의 생각으로써는 아무리 도망쳐도 강공을 받을 뿐이므로, 잠시 방치해 두고 나중에 도망칠 타이밍을 노린다. 그런 이유이다.

백 3 으로 빼어 갔다. 여기에서도 백 a 로는 이어 주지 않는다. 장래, 백은 b로 임하고 백 두 점을 작게 취하게 하려는 것 등을 생각해 올 것이다.

5 도(살리기의 방향 나쁨)

극단적인 그림이다. 흑 1 로 살린 다음 3. 백 a 와 b가 균형으로, 빼기가 상당히 좋다. 살리기의 방향을 틀렸다.

살리는 방향, 살리는 타이밍이 모두 중요하다는

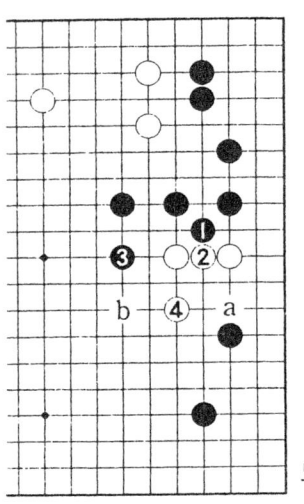

5 도

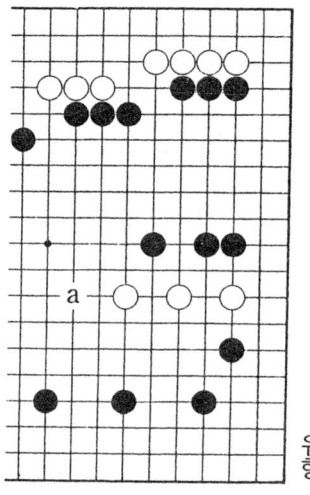

유형

것을 알았을 것이다.

유형 · 흑선

역시, 백 세 점이 흑의 세력권 중에서 부류하고 있다. 백 세 점은 어쩐지 불안한 자세이다.

백 세 점을 어떻게 공격하는 것이 최선인가, 하는 것이 테마이다.

'공격은 칼끝'의 격언 대로, 흑a로 칼끝인데, 그 전에 살려 둔 다음칼끝을 한다.

1도(봉돌(棒石))

흑1 · 3으로 뺀 다음, 5로 칼끝이 되게 했다. 백의 봉돌은 상당히 위험. 사느냐 죽느냐 반반 정도일 것이다.

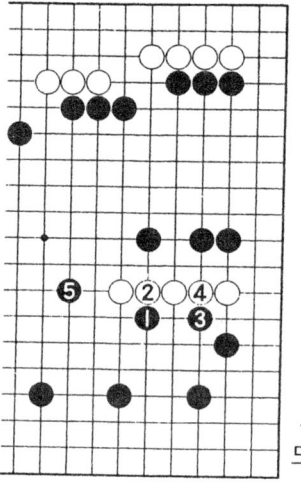

1
도

62

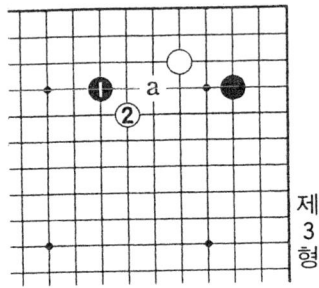

도

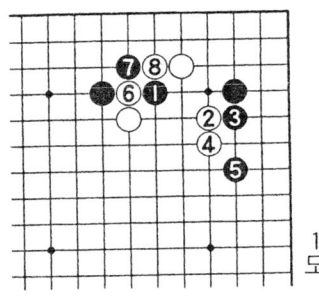

1도

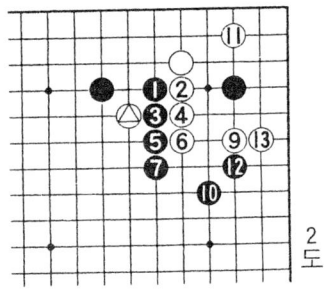

2도

제 3 형

1의 두 칸 높이 끼우기에 백2로 틈새를 벌리는 정석이 있다. 물론, 백2로 틈새를 벌리는 이상, 흑a로 와도 그 대책은 준비하고 있는 것이다.

여기에서도 작용을 포함한 맥을 준비하고 있는 것이다.

1도(살리기의 타이밍)

흑1로 틈새를 붙여올 때, 그때 백2·4로 살리는 것이 절호의 타이밍이다. 백6·8로 흑1의 의미가 없어진다.

백2·4는 맥이고,

2도(속맥)

백2·4·6은 속맥. 흑은 크게 밖으로 돌고, △한 점도 활로를 잃었다. 상대의 무리를 그냥 두어서는 안된다.

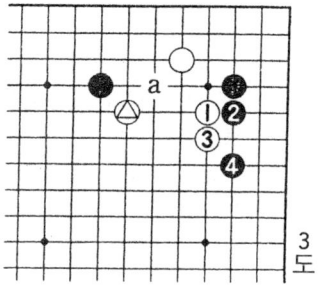

3 도

3 도(문제 밖)

흑a의 틈새 붙이기가 두렵다고 해서 백1·3을 정해 버리는 것은 문제 밖이다. 틈새 붙이기의 대책을 모르면, △으로 틈새에 놓지 않는 편이 좋은 것이다.

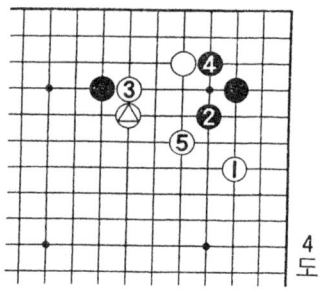

4 도

4 도(3도는 맛 사라짐)

흑이 손 빼기를 하면 백1로 끼우는 수가 있고, 3도 백1·3은 맛이 사라진다. 흑2·4라면 백3·5의 봉쇄가 된다. △의 전에,

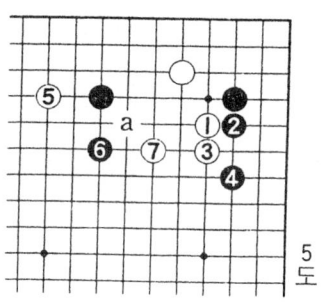

5 도

5 도(설마)

백1·3은 흑4 때 백5로 끼운다. 백5에서 a로는 놓지 않는다.

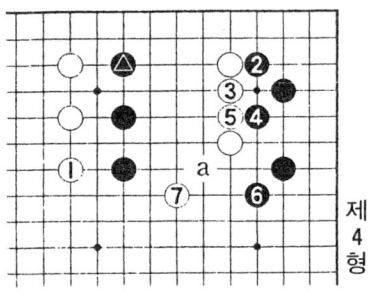

제 4 형

제 4 형

또 1형, 틈새의 작용을 설명하겠다. ⬤의 세 칸 끼우기 정석의 한 형이다. 백 1의 뛰기에 흑 2·4에서 6으로 마늘모, 여기에서 백 7의 틈새가 돌의 모양이다. 물론, 흑 a는 염려없다.

1 도 (정석)

정석은 **제 4 형** 백 7 뒤, 흑 1의 뛰기에서 백 4 까지이다. 뒤는 각각의 역량 문제로, 서로 싸우게 된다.

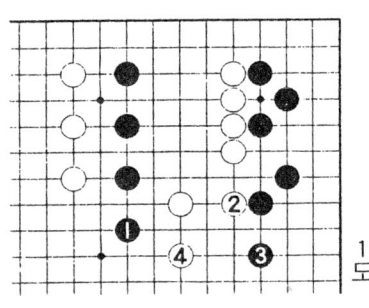

2 도 (틈새 붙이기는?)

흑 1의 틈새에 백은 대책이 있을까?

백 2의 빼기가 작용하고 있으므로 염려 없다. 연계의 불

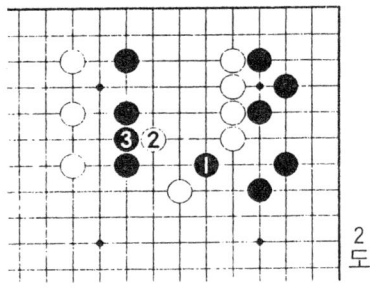

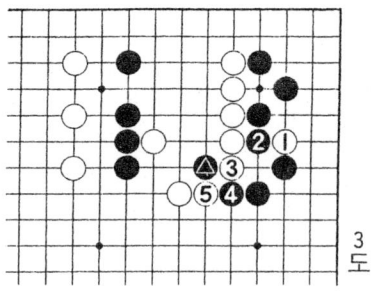

3
도

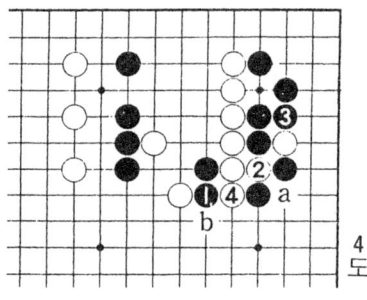

4
도

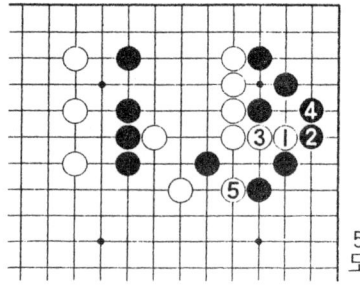

5
도

만은 백 2 의 작용으
로 보충되고 있는 것
이다. 흑 3 에 이어서,

3 도 (호수순)
백 1 의 붙여 넣기
가 맥. 흑 2 를 기다
려, 백 3 으로 붙여 내
어 간다. 흑 4 라면 백
5 로 ● 두 점을 취
해 넣었다. 또, 흑 4
에서,

4 도 (흑 무리)
흑 1 도 백 2·4 로
무리한 맥이다. 백 4
뒤, a와 b가 균형.

5 도 (마찬가지)
백 1 에 흑 2 도 같
은 결과이다.

66

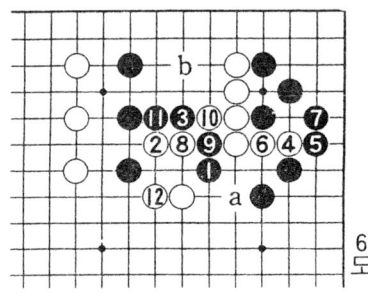

6도(저항 없음)

흑1, 백2 뒤, 흑 3의 저항도 쓸데없음. 백12 뒤, 백a, b가 균형이 된다.

6도

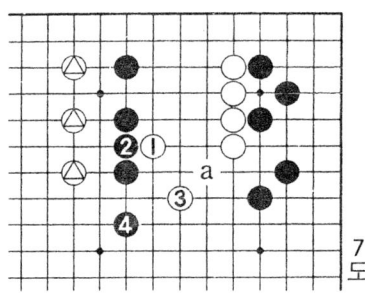

7도

7도(손해를 앞세운다)

백1로 뺀 다음 3으로 틈에 놓을 필요는 없다. 백1은 본래 놓고 싶지 않은 것이다. 흑2로 잇게 하는 것으로 ◎ 세점이 약해지기 때문이다. 단순히 틈새에 놓아, 2도와 같이 흑a로 공격해 간 때, 빼기를 살리는 것이 타이밍인 것이다.

8도(틈새 염려?)

틈새가 염려되면

8도

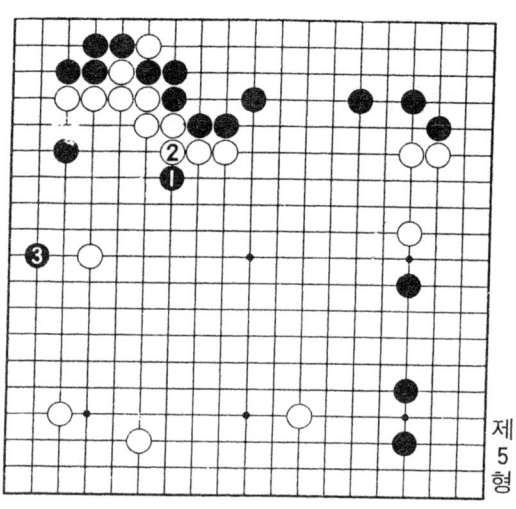

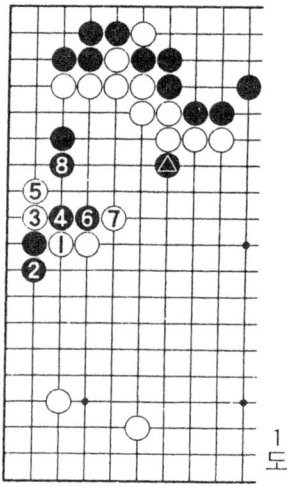

백 1·3 형이다.

제 5 형

지금까지 설명한 살리기와 좀 성질이 다른 살리기이다. 나의 실전인데, 흑1의 빼기를 살린다음 3으로 미끄러졌다.

이 뒤,

1도(△이 필요한 이유)

△의 살리기가 중요한것은 백 1 때. 흑2 이하8 까지 최강의 응수이다.

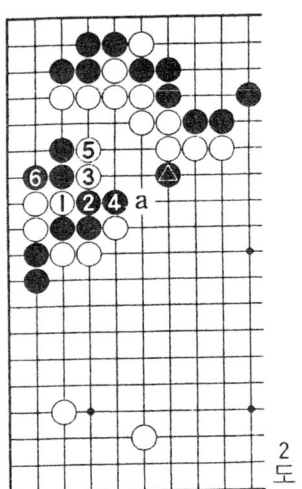

2도

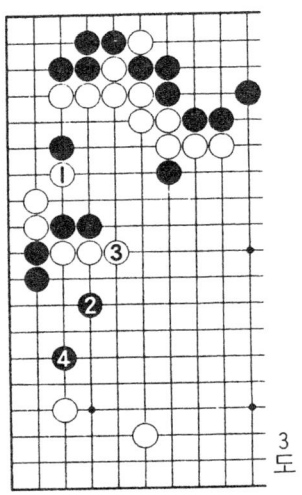

3도

이어서——

2도(⚫은 축단수)

백 1·3으로 내끊는 방법 외에 없는데, 흑 4·6으로 백 찌부러짐. ⚫이 축단수가 되어, 백a의 축이 성립하지 않는다.

따라서 1도의 백 7에서는,

3도(앞으로의 싸움)

백 1로 마늘모 붙임, 흑 4로 일단락. 앞으로의 싸움이 된다.

실전의 경과

3도에서도 일국의 바둑이지만, 백은 1에서 9까지 좌변을 수 두껍게 하여, 흑 10으로 뛰어든 돌을 백11·13으로 공격하는 전개가 되었다. 단, 흑10은 깊어, 흑 13 정도에서부터 얇게 임하는 때이다. 흑 10으로 깊어져 강한 공격이 되는

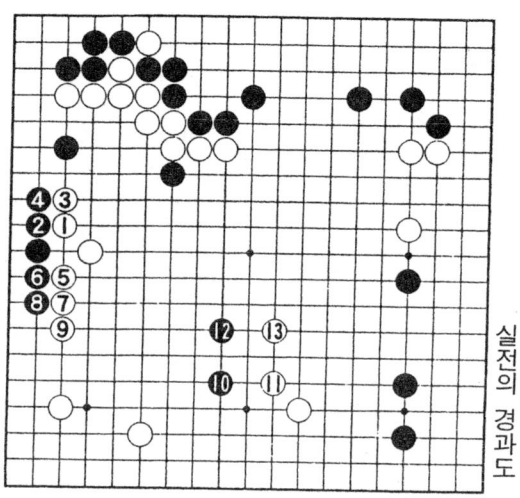

것이다.

4도(살리기의 타이밍
을 실수)

여기에서 수순을 바꾸
어 보자.

가령, 실전의 경과인
백 9 뒤, 혹 1 로 뺐다고
하자. 이번에는 백 a 로
잇지 않고, 백 2 로 반발
했다고 하자. 살리기는
타이밍이 중요하다. 게
다가 이 경우는 2 도의
축단수도 수 읽기 맥이

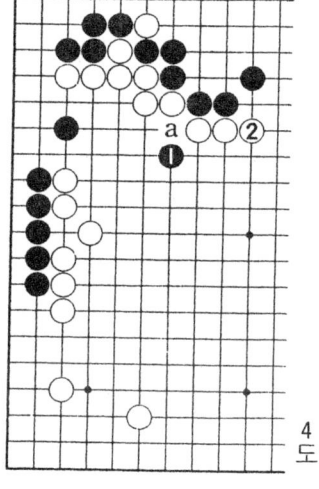

4
도

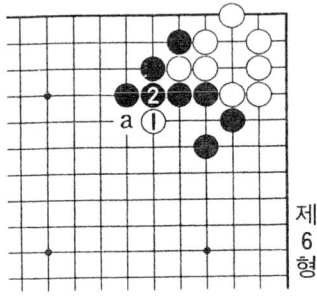

제 6 형

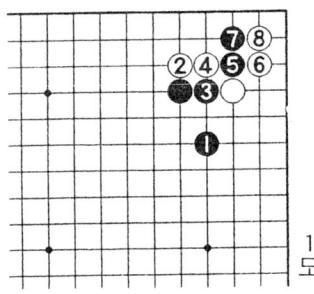

1 도

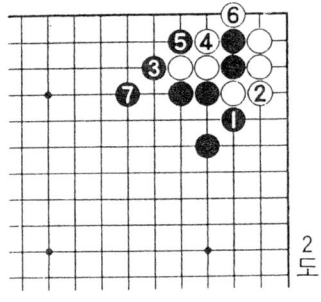

2 도

므로, 제 5 형의 흑 1 빼기가 필연의 수순이다.

제 6 형

기본 정석이지만,상대가 작용하면 가능한 빨리 살리는 편이 좋다는 살리기이다. 백 1 의 살리기, 흑 2 의 잇기까지로 일단락이다.

뒤에 백 1 로 빼면 흑 a 로 반발되는 것이라고 할 수 없다.

1 도(정석 수순)

제 6 형의 정석 수순이다. 백 2・4 에 흑 5 에서 7 로 내리는 것이 맥이다. 말하자면 양쪽 살리려고 하는 '살리기 맥'이다. 흑 5・7 로 두 점으로 하여 버리면——

2 도(양쪽 작용)

흑 1 의 단수, 흑 3 의 누르기, 양쪽이 선수 작용으로, 흑 7 로 걸쳐 잇는 것이 정석 수순이다.

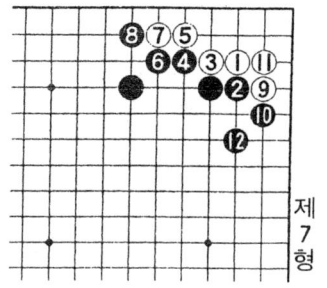

제 7 형

제 7 형

흑12의 걸쳐 잇기까지, 이것도 정석이다.

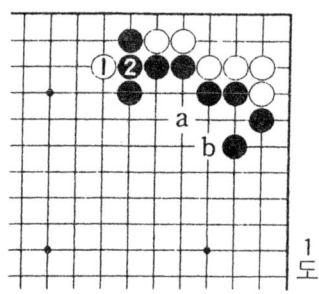

1 도

1 도(빨리 살린다)

백 1 의 빼기는 일찍 살려둔 때일 것이다. 지금이라도 흑 2 로 잇는 수밖에 없다. 본래는 백a의 빼기도 살리고 싶지만, 흑은 이어 주지 않는다. 흑b로 반발되므로 살리기의 타이밍을 겨냥한 때.

2 도

1 도와 같이 일찍 살리지 않으면 백 1 에 흑 2 로 눌려질 우려가 있다. 우변이 흑의 큰 모양이 되면, 흑 2 로 놓을 수 있다.

아뭏든, 살리기는 타이밍이 중요하다는 것을 알았다.

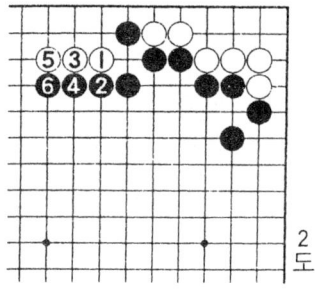

2 도

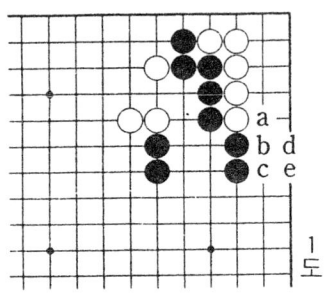

1도

3. 살리기와 맛 없 애기

'작용과 살리기'를 다 시 한번 정리해 보자.

1. 어디에 작용이 있 는가(1도의 a, b, c, d,e가 흑에서 작용).

2. 작용이 2군데 이 상 있는 경우, 어떻게 살리는 것이 최선인가 (1도의 5군데 작용 중 어떤 것을 선택할 것인가).

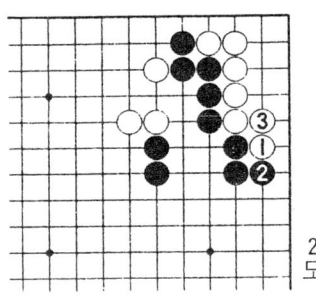

2도

3. 그 작용을 실행에 옮긴 경우, 즉 살린 경우, 전국적 으로 보아 상대가 작용해 줄 것인가. 반발은 없는가.

이상 3가지에 관해서는, 이미 앞에서 설명했다.

여기에서, 더욱 첨가하자면,

4. 살리기와 맛 없애기는 표리일체. 예를 들면 **1도**, 흑a를 살리면 다른 4군데의 작용은 소멸한다.

5. 작용을 너무 중시하여 보류하면, **2도**, 반대로 백에 서부터 작용을 백 **1·3**으로 해소당한다.

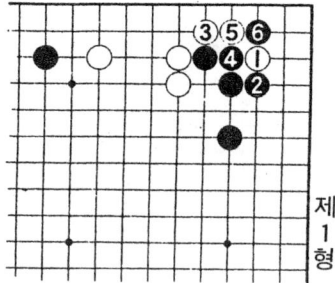

제 1 형

이상이 '작용과 살리기'의 요점이다.

그럼 이 항에서는, '살리기와 맛 없애기'에 관해 설명해 가겠다.

제 1 형

백 1·3 은 정석 후의 상형이다. 흑 4 에 언제라도 백 5 로 뻗어 넣어도 좋다고는 할 수 없다. 이런 배석에서는 흑 6 뒤,

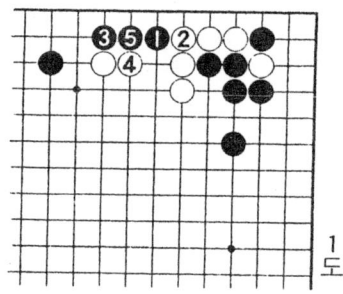

1 도

1 도(강력한 찌르기)

흑 1·3 이 강력한 찌르기가 되기 때문이다.

이것을 막기 위해서는 제 1 형, 흑 6 뒤
———

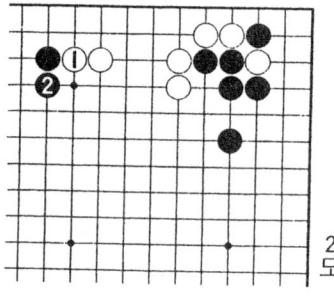

2 도

2 도(응급 처치)

백 1 의 붙여 대기가 필요하다.

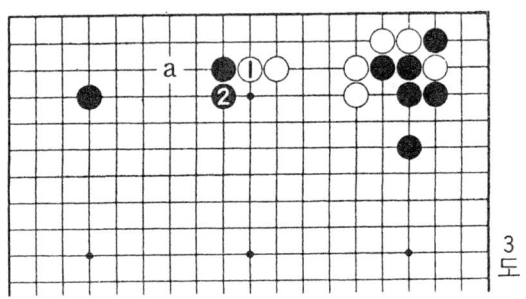

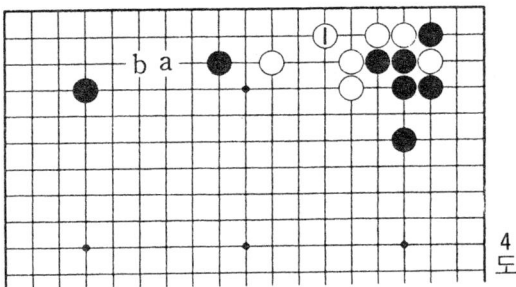

3도(뛰어들기를 없앤다)

그러나, 백 1은 어디까지나 선수를 취하기 위한 응급 처치. 흑 2로 세워져 대부분의 경우는 나쁜 것이다.

이 배석의 경우 등은 최악이다. 백 a의 뛰어들기를 겨냥할 수 있는 곳을 백 1에 의해 없애고 있기 때문이다. 백 1은 나쁜 의미에서의 살리기이다. 즉, 맛 없애기가 되는 것이다.

4도(정착)

1도의 흑에서부터의 찌르기를 막기 위해서는 백 1로 지켜 두는 것이 창착이다. 그리고, 백 a나 b의 뛰어 들기.

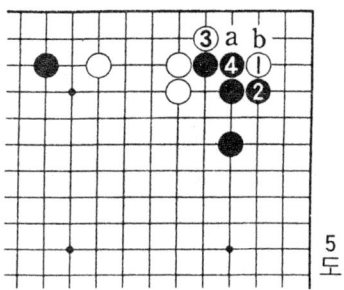

5도(정하지 않는 다)

백이 우상을 선수로 끊어 올리고 싶은 때, 백3, 흑4까지로 멈추어 둔다. 즉, 백a, 흑b는 정하지 않는 것이다. 정하는 것과 정하지 않는 것은 어떻게 다를까?

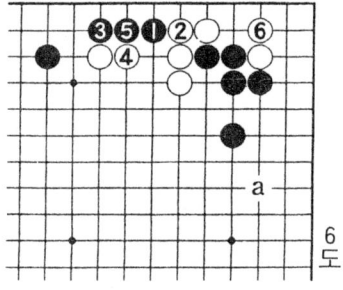

6도(찌르기는 남지만……)

역시 흑1·3의 찌르기는 남는다. 단, 이번에는 백6으로 내리기, 뒤의 백a 끼우기가 유력한 겨냥으로써 남는다. 이것이 다른 것이다. 설마, 백6에서 —

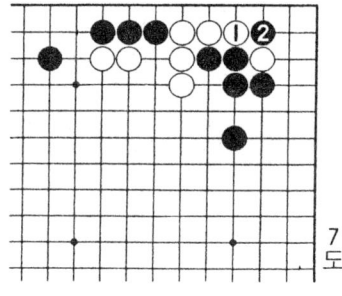

7도(백은 안된다)

백1로는 놓지 않을 테니까.

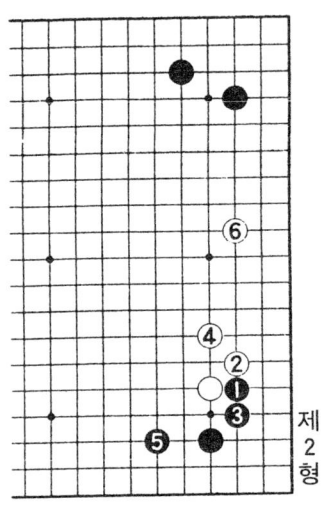

제 2 형

제 2 형

흑1·3에서 백6까지, 기본 정석 중에서도 가장 전형적인 형이다. 아마츄어, 프로를 막론하고 실전에서 많이 사용하고 있는 정석이다.

이 정석에도 전형적인 '작용과 살리기'가 나타난다. 그리고 '살리기와 맛 없애기'도······

1도(놓아서는 안된다)

흑1로 놓아도, 백2로 받게 하는 것은 보통은 살리기가 되지 않는다. 단순한 맛 사라짐이 아니다. 왜냐 하면, 흑a의 메꾸기가 오면 흑b의 뛰어 들기가 겨냥되고, 흑1은 그 뛰어 들기의 맛을 없애고 있다.

축단수 등, 특별한 경우를 빼고, 흑1은 놓아서는 안될 수이다.

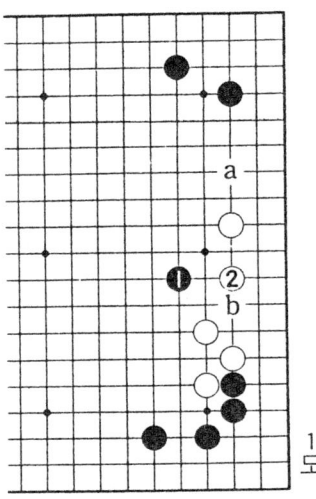

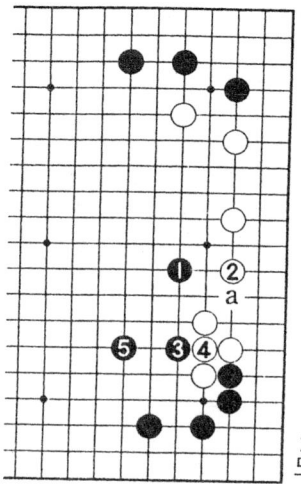

2도

2도(절호의 타이밍)

이 배석이 되면 상황이 다르다. 이미 흑a의 뛰어 들기는 노리지 않는다.

흑1의 살리기는 절호의 타이밍이다. 지금이라면 백2로 받지 않을 수 없고 흑3·5로 준비하게 된다.

흑a의 뛰어 들기를 노리지 않으므로, 흑1은 맛 없애기가 아니다.

3도(백 무리)

흑1에 백2의 반격은 무리이다. 백2에는 당당히 흑3으로 들어간다. 백4에 흑5·7로 잡지 않아, 백의 공격은 공전하고 있다. 살리기의 타이밍이 좋았기 때문이다.

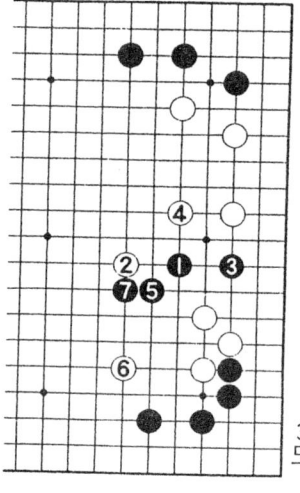

3도

78

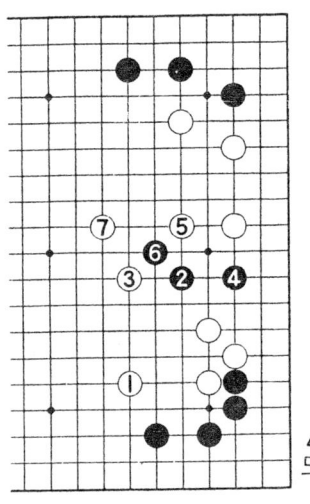

4 도

4 도(흑의 살리기가 무리)

그러나, 3 도와는 달리 백 1 이 가능하다면 흑 2 로 살리려고 하는 것은 지나치다. 백 3 으로 칼끝이 되는 한 수. 이번에는 흑 4 에 백 5·7로 공격당한다. 이것은 흑이 상당히 위험하다.

흑은 살리기의 타이밍을 실수했다.

제 3 형

설마, ▲ 의 메꾸기가 있는데 흑 1 로 살리는 사람은 없을 것이다. 백은 기꺼이 2 로 받는다.

흑 1 의 살리기는 맛없애기 이외의 아무런 의미도 없다.

제 3 형

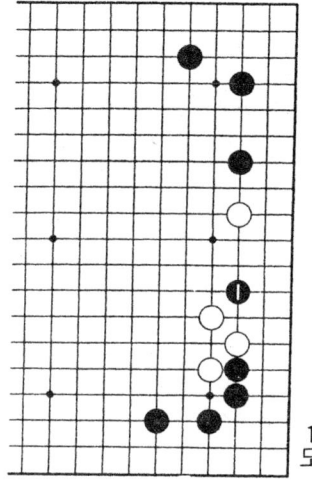

1도

1도(흑의 뛰어 들기)
흑1의 뛰어 들기 겨냥이 남아 있기 때문이다.
제3형의 흑1은 백2로 받아져, 이 겨냥을 지운 맛 없애기. 배석에 따라 놓는 방법이 달라져 간다.
1도 흑1의 뛰어 들기 뒤, 어떻게 될까?

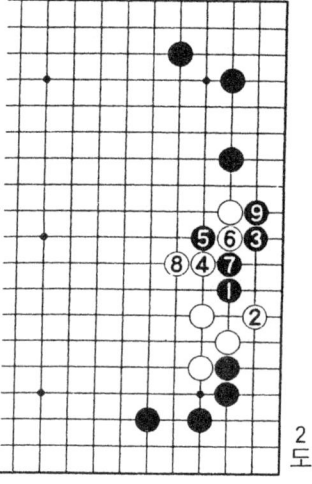

2도

2도(변의 정석)
흑1의 뛰어 들기에는 백2로 건너기를 멈추고, 흑3에서 9까지 변의 정석이다(흑3에서 5로 위에 날일자로 놓는 방법도 기본형이지만,여기에서는 생략한다).
여기에서 백은 차도와 같은, 어떤 살리기를 놓아 두지 않으면 안된다.

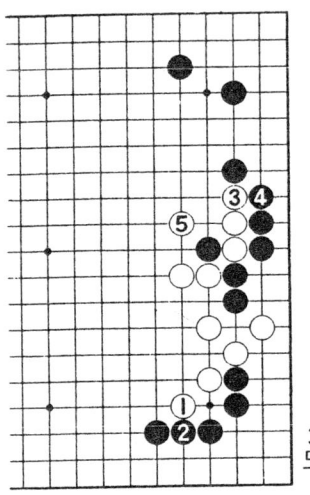

3 도

3 도(타이밍)

그것은 백 1 의 빼기. 지금 여기에서 백 1 로 빼는 것이 타이밍이다. 흑 2 의 잇기는 어쩔 수 없고, 백 3 에서 5 로 장문으로 백 한 점을 제지하여 일단락이다.

백집을 찔린 보상으로 외세를 얻어 호각의 갈림이다.

그러면, 3 도 백 1 의 살리기를 놓지 않으면 어떻게 될까?

4 도(백 응수 없다)

살리지 않고 백 1 · 3 은 흑 4 · 6 의 내끊기가 기민하다. 이에 백은 응수 없다. 곤란해지는 것이다.

그 뒤——

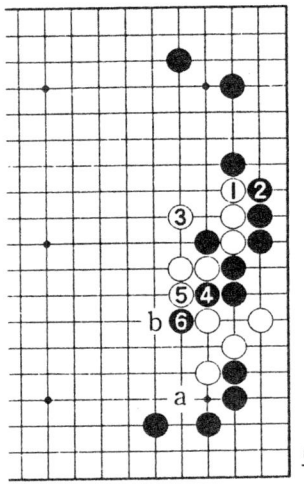

4 도

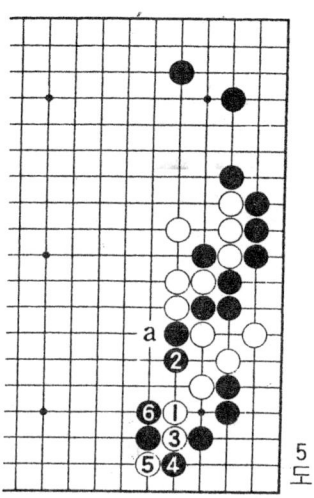

5 도

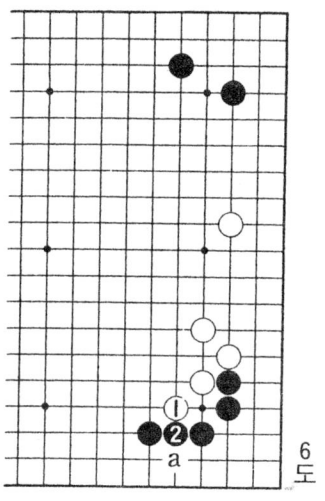

6 도

5 도(수순 전후)

백 1 로 빼도 흑 3 으로 작용해 주지 않는다(백 1 에 흑 3 의 잇기는 백 a 로 좋지만……). 백 1 에는 흑 2 로 반발되고, 어떻게 응수해도 백의 찌부러짐. 예를 들면, 백 3 이라면 흑 4 · 6 이다.

4 도로 되돌아가, 백 a 의 살리기가 있으면 흑 4 · 6 에는 백 b 가 있고, 이 내끊기는 성립하지 않는다. 그런 의미에서, 3 도 백 1 의 빼기가 살리기의 좋은 타이밍이 되는 것이다.

6 도(살리기와 맛 없애기)

단, 언제라도 백 1 로 들여다보는 것이 좋다는 뜻은 아니다. 타이밍이 나쁘면 맛을 없애는 것이 된다. 즉, 백 a 로 아래에서부터 들여다보는 수가 없어지기 때문이다.

82

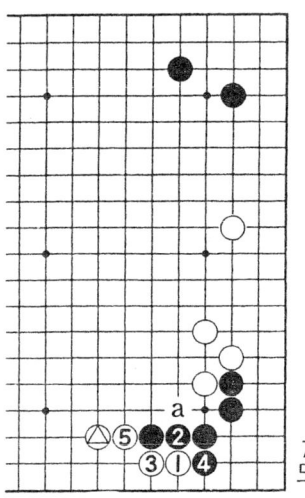

7 도

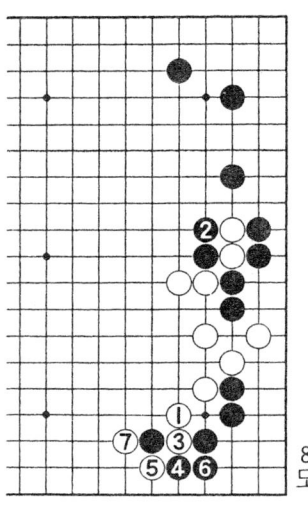

8 도

7 도(아래에서의 찌르기)

◎의 메꾸기가 오면 백1이 성립한다. 흑2에 백3·5가 된 때. 백a로 살려 버리면 백1 이하의 겨냥이 없어진다는 것을 알 수 있다.

살리기와 맛 없애기는 어려운 것이지만, 지금까지의 설명으로 대강의 감이 잡힐 것이라고 생각한다.

8 도(반발은 없다)

그러나, 백1의 들여다 보기 때 흑2로 반발해 가면? 그런 의문을 품지 않을까. 결론을 먼저 말하자면, 흑2는 성립하지 않는다.

백3으로 내어 5로 끊는 것이 중요한 맥. 흑6이라면 백7로 축에 안는다.

또, 8 도 백5의 끊기에——

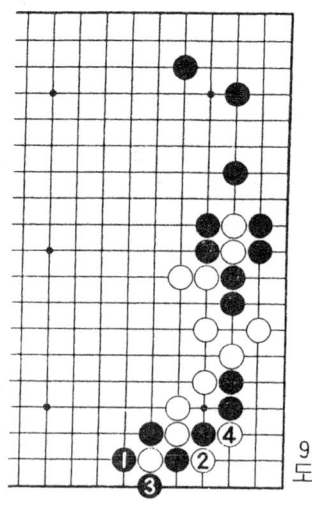

9도(흑 취해진다)

흑1의 안기는 백2·4로 귀의 흑이 취해진다.

8도, 9도 모두 흑은 찌부러짐에 가까운 상태이다.

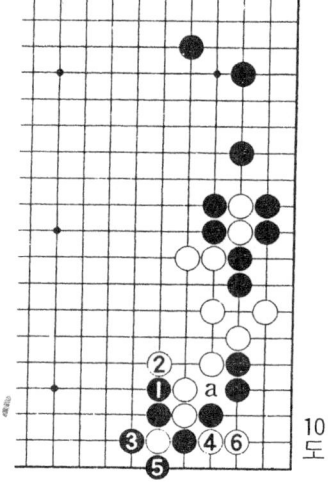

10도(밀어 올리기는?)

그러면, 8도 백5의 끊기에, 흑1로 밀어 올리기는 것은 어떨까?

흑1에는 백2로 젖혀 좋고, 흑은 3으로 취하는 수밖에 없다. 이번에는 흑a의 단수가 작용하지만, 역시 백4·6으로 놓아 좋다. 흑a가 작용해도 흑은 취해진다.

이어서——

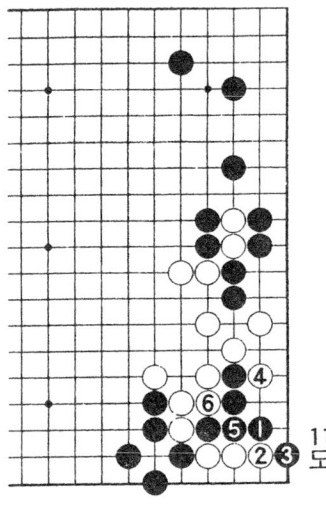

11 도(헛된 저항)

흑은 10 도 뒤 1 로 놓으려는데, 그것은 헛된 저항이다. 백 2 로 한 점 뻗은 다음 4 로 좋고, 흑 5, 백 6 으로 백 한 수 승임을 알 수 있다.

12 도(백 좋다)

백 1 의 들여다보기에 흑은 손을 빼고 들여다보았다. 백 3·5 에 흑 6 이 중요한 한 수로, 이하의 수순은 길이가 흑 20 까지. 흑 18 의 쳐들어가기 한 점이 작용하여 흑의 한 수 승이다(11 도와는 사정이 다르다는 것을 확인). 뭐야, 백이 취해지잖아? 라고 실망할 것은 없다. 백 a 도 선수이고, 백은 수가 두꺼운 것이다. 취해져도 백은 좋고, 백 1 에는 흑 3 으로 잇는 것이다.

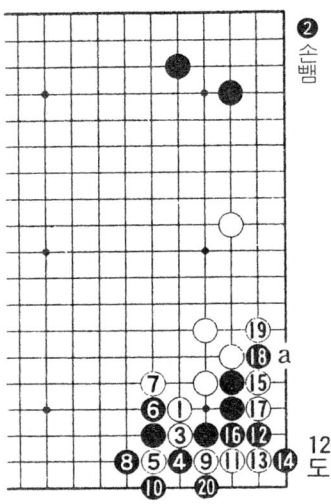

제 3 장

사활에 얽힌 작용

작용을 활용하기 위해서는 그 작용이
어디에 있는가, 우선 그것은 알 필요가 있
다. 실전에서 자주 나오는 기본 사활 10
형의 작용을 마스터하기 바란다.

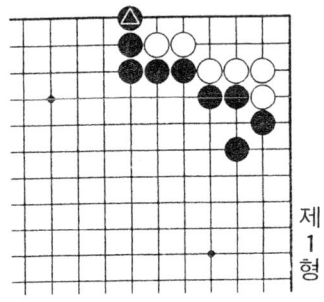

제
1
형

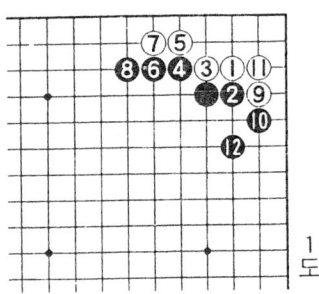

1
도

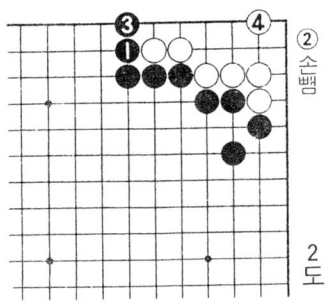

2
도

'작용'을 어떻게 활용할 것인가, 기본적인 것은 알았을 것이라고 생각한다. 이번에는 실전에서 잘 나오는 작용을 설명해 보겠다.

처음에는 사활에 얽힌 작용에서부터……

제 1 형 · 흑선

⚫의 내리기가 선수 작용인데, 어떤 수에서부터 생긴 것인지 알겠는가?

1도(3·3 떼어 들기)

백1의 3·3 넣기에서 흑12까지, 실전에서 자주 나오는 형이다.

2도(큰 찌르기)

그리고, 흑1의 누르기가 크다. 흑3의 내리기에는 백4로 작용시켜 두어야 한다.

2도 백4를 손 빼기를 하면, 어떻게 죽일까.

...

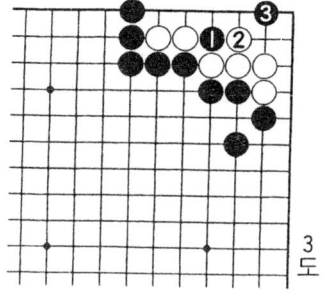

3도(수순이 중요)

흑1의 쳐들어 가기를 한 점 살린 다음 3으로 누르는 것이 좋은 수순이다. 흑3은 사활의 급소 '2·1'에 해당한다.

3도에 이어서,

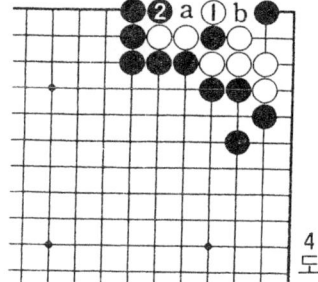

4도(백사)

백1의 빼기 정도이지만, 흑2로 백사는 명백할 것이다. 백a라면 흑b, 백b라면 흑a. 모두 한 눈밖에 없다.

3도, 흑1·3이 죽이기의 테크닉이다.

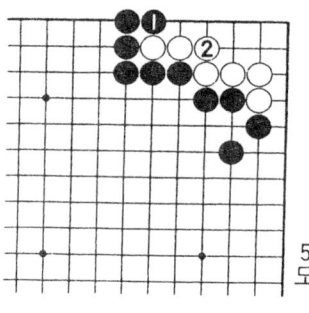

5도(흑 무책)

흑1의 뻗어 넣기로는 백2로 이어져, 나중에 수단이 없다. 흑 무책.

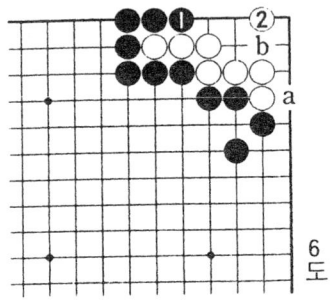

6도(백 작용)

　5도에 이어서, 더욱 흑1의 뻗어 넣기라면 백 2가 작용의 형.

　흑1에서 a는 백b로 백 삶. 흑의 공격 방법 에 따라 백의 작용하는 급소가 변한다.

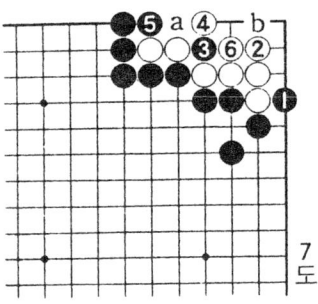

7도(백 2가 좋다)

　흑1의 젖히기는 어떤 가. 결론을 먼저 말하자 면, 품을 조이는 흑1에 서는 백을 죽이지 않는 다. 백2가 좋고, 흑3으 로 공격해도 백4·6.이 뒤, 흑a는 백b.

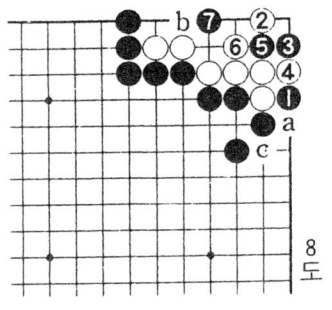

8도(귀찮다)

　흑1에 백2는 귀찮다. 흑3·5·7의 뒤, 백a, 흑b, 백c로 바깥쪽에 내 는데, 7도의 작용이 좋 은 것은 명백할 것이다.

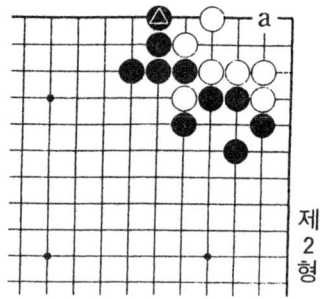

제
2
형

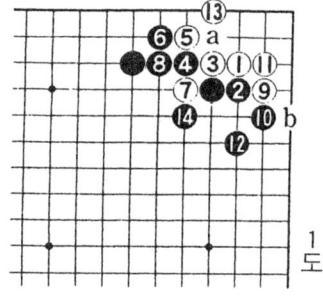

1
도

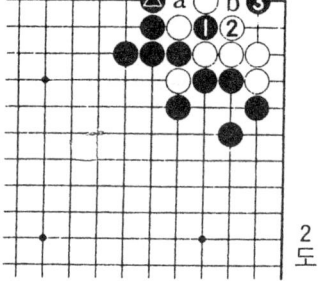

2
도

제 2 형 · 흑선

이것도 자주 생기는 형이다. ▲의 내리기가 작용하고 있고, 백a로 손을 넣지 않으면 죽어 버린다.

1 도 (원형까지의 수순)

눈목자에 백 1의 3·3 뛰어 들기. 백 13의 걸쳐 잇기, 흑 14의 안기까지……

또, 백 13에서 a로 굳게 이으면 이번에는 흑 b의 내리기가 작용. 이것은 제 3 형에서 설명한다.

2 도 (흑 1·3 수순)

제 1 형 같이 ▲의 내리기에 백 손 빼기를 하면, 흑 1의 던져 넣기에서 3의 놓기까지. 흑 3의 뒤, a와 b가 균형이다.

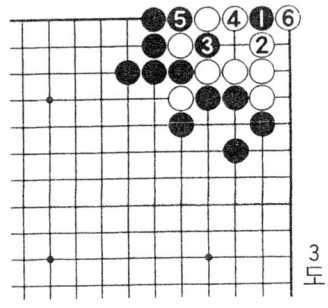

3도(수순이 나쁘다)

아마츄어의 놓기를 보면, 단순히 흑1로 놓는 사람이 많은 것 같다. 그러나, 흑1은 백2 · 4가 좋고, 6의 빼기로 두 눈의 작용. 수순이 전후되어서는 죽일 수 없다.

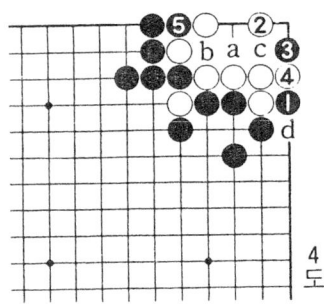

4도(무조건은 아니다)

흑1로 젖히는 것은 백2의 수비형. 그리고 흑3 · 5로 공격해도 무조건 가지는 않는다. 흑5 뒤 백a로 패가 될지, 백b, 흑c, 백d로 내갈지, 배석에 의해 알 수 있다.

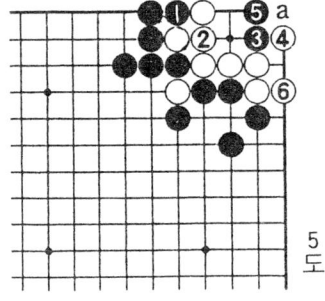

5도(만년패)

흑1 · 3 · 5의 공격은 백6. 이 뒤 흑a로 놓아도 만년패. 만년패는 작용과 같은 것으로, 흑 실패이다.

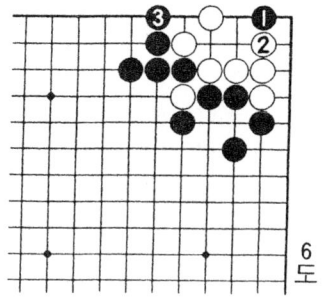

6도(선수와 후수)

제2형의 원도와 같이, 단순히 흑3으로 내리면 절대의 작용이다. 단순하게 흑3에는 백1의 수비가 부득이하다. 단, 종반으로써 본 경우, 조금 손해인 것이다. 이것은 백집 6집

종반의 단계에서 흑 후수가 되어도 상관 없다면, 흑1의 놓기에서 3이 최선. 이어서,

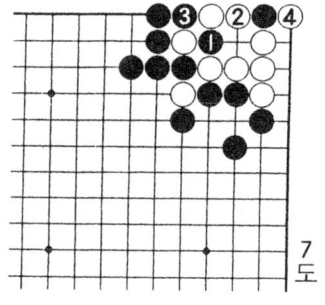

7도(백 3집)

흑1·3이 선수이다. 이 그림은 백집 3집.

백이 3집 달라져 간다.

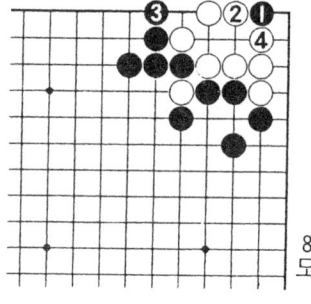

8도(백 후수)

흑1에 백2는 4가 필요하고 백 후수. 백4를 손 빼기 하면 흑4로 백 사이다.

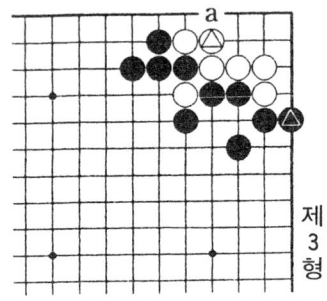

제3형

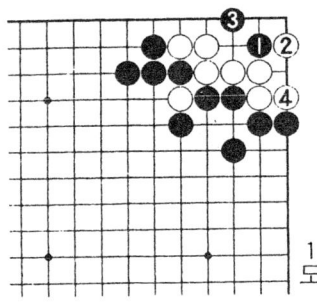

1도

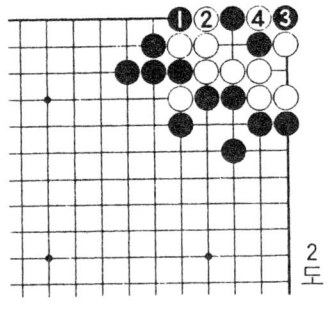

2도

제 3 형 · 흑선

백 a로 걸쳐 이은 제 2 형과는 달리 이번에는 △의 굳게 잇기. 굳게 이으면 ●의 내리기가 작용하고 있다. 내리기에 백 손 빼기 하면 제 2 형은 무조건 사이지만, 제 3 형은 2 단패이다.

1도(흑 1 · 3 이 상용의 공격)

흑 1 의 붙이기에서 3 의 마늘모가 공격의 형. 백 4 가 최강의 버팀이다. 이 뒤,

2도(2 단패)

흑 1 의 젖히기에서 3 의 던져 넣기, 백 4 로 취해 패가 된다. 이것이 쌍방 최선 수순으로, 이 패를 2 단패라고 한다. 흑의 입장에서 말하자면, 본패보다 불리한 패이다.

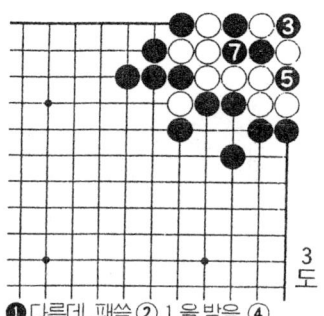

❶다른데 패씀 ②1을 받음 ④
⑥다른데 패를 써서 연타.

3도(2단패는?)

2도의 뒤, 흑이 패에 이기기 위해서는 흑3으로 패를 취하고, 더욱 흑5로 패를 취해 흑7로 패를 해소한다. 즉 흑3 ·5·7로 3수가 든다는 뜻이다.

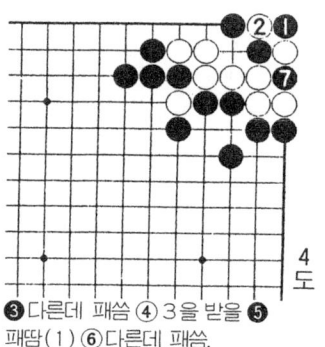

❸다른데 패씀 ④3을 받을 ❺
패땀(1) ⑥다른데 패씀.

4도(2단패 보다 나쁘다)

2도의 흑1에서 곧 흑1로 던져 넣는 것은 흑5의 패 취하기에 백이 달리 패 세우기. 그리고 흑7로 패를 취해도, 아직 해소할 수 없다.

3도의 2단패 보다, 이 그림은 흑 나쁘다.

5도(백 취해진다)

흑1·3에 백4는 흑7까지 백 취해진다.

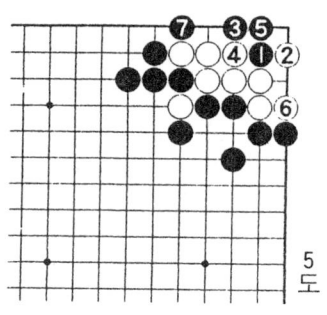

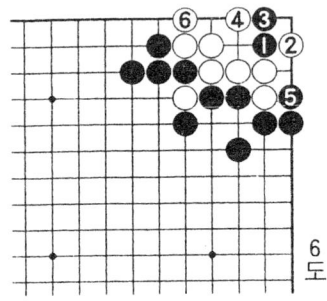

6도(백 무조건 산다)
흑1·3은 실패이다.
백4·6으로 백 무조건
사는 것은 분명하다.
　그러나, 이 형은 안쪽
에서 공격하는 방법 외
에, 바깥쪽에서 품을 좁
히면 실패이다.

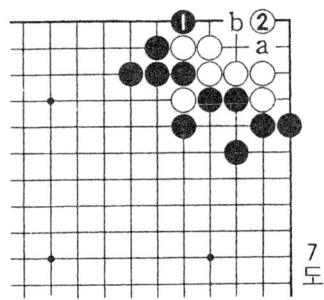

7도(백2, 형)
　예를 들면, 흑1의 젖
히기라면 백2가 형(백
2에서 a는 흑b부터 패).

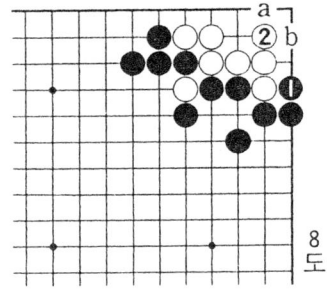

8도(백 삶)
　또, 흑1의 넣기라면
백2가 사는 형이다(백
2에서 a는 흑b에서 빅
이 되는 수가 남아 최선
이라고 할 수 없다).
　7도, 8도, 모두 백 살
기로 최악이다.

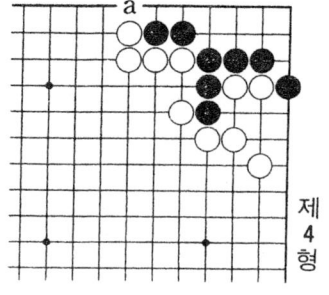

제4형 · 흑선

이 형, 백a의 내리기가 듣고 있다. 백a에서 살리는 것이 최선 수단이라고는 할 수 없지만, 아뭏든 백a는 듣고 있는 것이다.

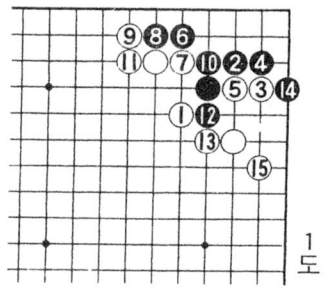

1도(화점의 3수 빼기 정석)

화점의 3수 빼기 정석이다. 백1의 봉쇄에는 흑2의 마늘모로 살아 있다. 이하 흑14, 백15까지, 쌍방 최선의 수순이다. 흑14의 젖히기 한 점이 이 형의 사활에서는 중요. 이 젖히기가 없으면 흑사가 된다.

흑14가 아니면——

2도(흑사)

백1·3·5가 죽이기의 호수순. 흑6에 백7·9가 맥으로 흑은 돈사.

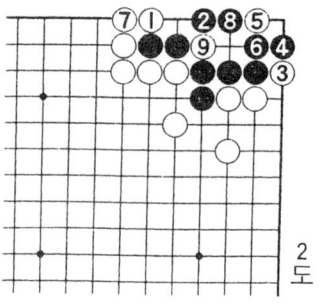

96

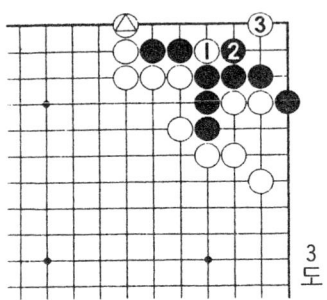

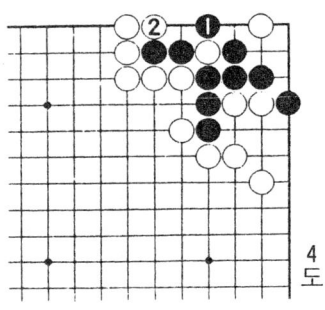

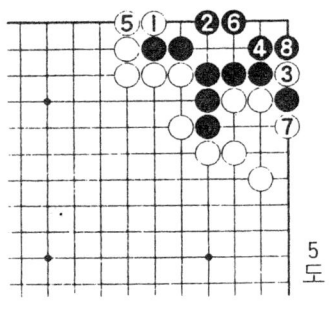

3 도(작용의 증명)

◎의 내리기가 작용하고 있다는 증명이다.

흑 손 빼기는 백 1 의 쳐들어가기에서 3 의 놓기, 이 수순으로 흑사이다. 이어서——

4 도(흑 한 눈)

흑 1 이라면 백 2 로 흑 한 눈은 명백하다.

3 도 백 1 · 3 은 제 1 형과 같은 죽이기의 맥이다.

5 도(최선 수순)

여기에서, 이 형의 결정 방법의 최선 수순을 나타내 두겠다.

백 1 의 젖히기에서부터 가져 가, 흑 2 에 백 3 · 5 로 정한다. 이어서, 흑 6 은 어쩔 수 없고, 백 7 도 선수. 여기까지 필연의 수순이다. 그리고, 이것이 가장 득인 결정 방법으로, 물론, 5 의 내

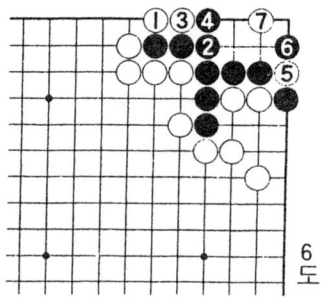

6도

리기도 수순으로 작용했
다.

5도, 백 1·3·5·7로
흑은 말하는 대로 되어
가는 수밖에 없는 것이
다.

6도(가운데 수)

예를 들면, 백 1에 흑
2로 잇는 것은 백 3에
서 7까지. 5집 가운데
수의 돈사이다.

또, 5도 흑 4에서

7도(경솔)

흑 1로 취하는 것도 경
솔. 백 2가 '2·1'의 급
소로 흑사를 피할 수 없
다.

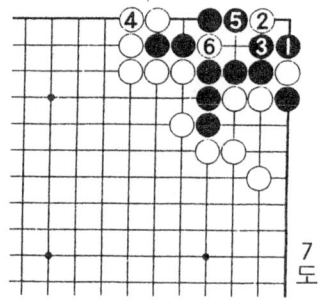

7도

8도(경우의 수)

백 1, 흑 2 때, 백 3의
놓기는 경우의 수이다.
이하 필연으로 백 9로 흑
두 점을 취하고, 흑 10으
로 살게 된다.

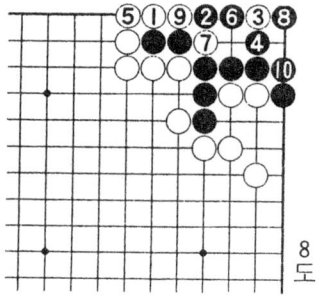

8도

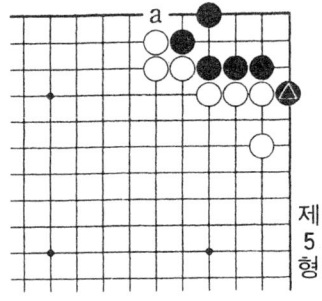

제 5 형

제 5 형 · 백선

제 4 형의 유사형이다. 같은 맥이 된다.

역시, 흑a의 내리기가 작용한다.

또 ▲의 젖히기가 없으면 귀의 흑은 죽어 있다.

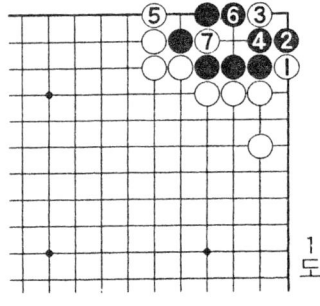

1 도

1 도(젖히기 한 점이 생명)

즉, 제 5 형 ▲의 젖히기 한 점이 생명줄로, 이것이 없으면 백 1 의 젖혀 죽이기이다. 흑 2 에 백 3 · 5 는 같은 죽이기 수순이다.

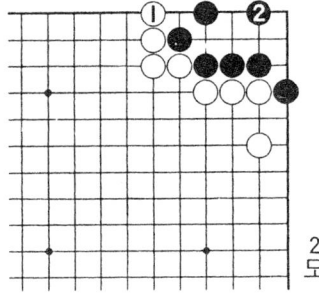

2 도

2 도(내리기의 작용)

백 1 의 내리기에는 흑 2 가 정형. 백 1 에서부터 정하는 것은 제 4 형 같이 최선 수순이라고는 할 수 없지만, 아뭏든 백 1 은 작용한다.

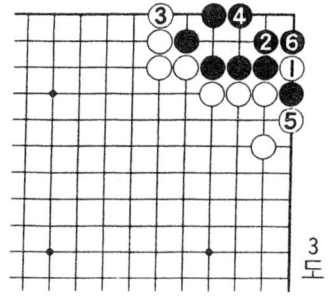

3도(최선 수순)

백1의 던져 넣기에서 부터 3의 내리기가 최선의 결정법이다. 흑4에 백5가 선수. 이것으로 일단락이다. 형은 조금 다르지만, 제4형 5도와 같은 맥이다.

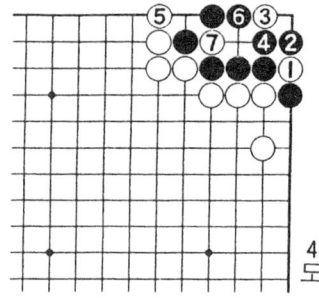

4도(흑 돈사)

백1에 흑2는 부주의. 모르면 어쩔 수 없지만, 백3·5·7로 간단하게 죽어 버린다.

단, 4도 흑4에서는─

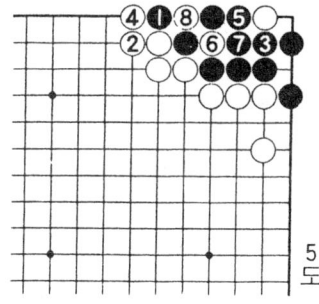

5도(패 버티기)

흑1·3의 패 버티기는 있다. 물론 무조건 살아 있는 것을 패로 하는 것이므로, 최악을 피하는 것뿐이다.

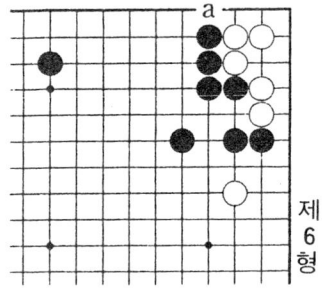

제6형 · 흑선

흑a의 내리기가 작용
하지 않는다는 것은 알
것이다. 흑a에 백 손 빼
기는 패가 되어 버린다.

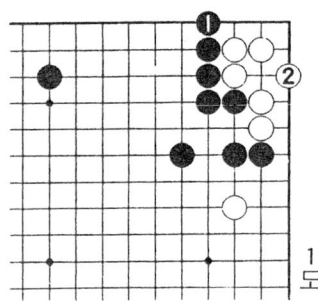

1도(손 빼기 불가능)

따라서, 흑1의 살리
기에는 백2로 지켜 두
는 것이다. 백 손 빼기
는 패 싸움을 각오해야
한다.

2도(패)

그 패란 흑1의 붙이
기가 급소의 공격으로,
백2, 흑3, 백4의 것이
다. 흑1만 발견할 수 있
다면 백은 패를 피할 수
없다.

귀의 희생을 십분 활
용하여 흑1·3으로 패
로 가져 갔다.

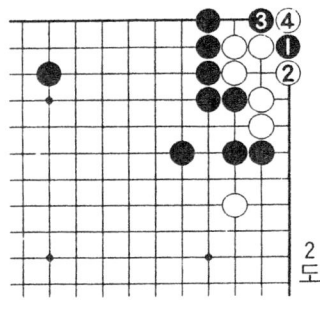

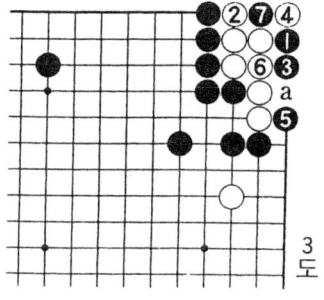

3도(변화)

흑1에 백2의 변화.

여기에서는 흑3이 좋고, 백4, 흑5에서 역시 패가 된다. 백4에서 a는 흑4로 3집 가운데 수의 백사.

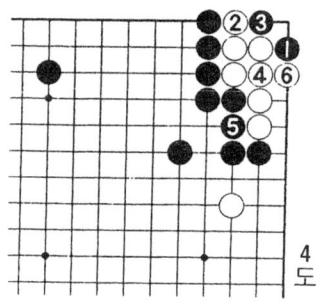

4도(깜박)

흑1, 백2 때 흑3으로 던져 넣어도 패. 그런 생각은 이르다. 백4로 이어져 흑5, 백6의 빼앗기의 살기.

흑3은 깜박할 것 같은 던져 넣기이다.

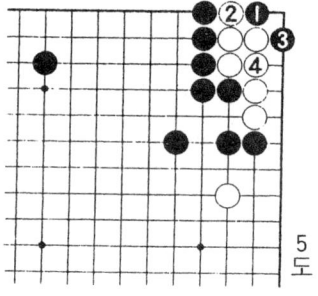

5도(유력한 맥이지만)

흑1의 붙이기도 유력한 맥으로 보인다. 백2에 흑3으로 패가 되게 하려는 것이지만, 백4로 이어져 허사. 4도와 동형이다.

102

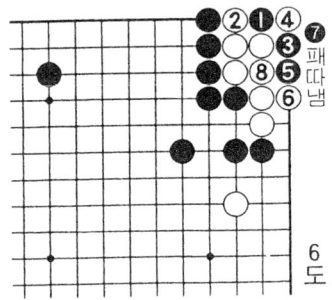

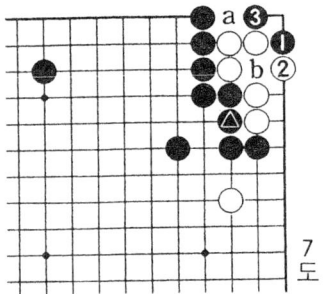

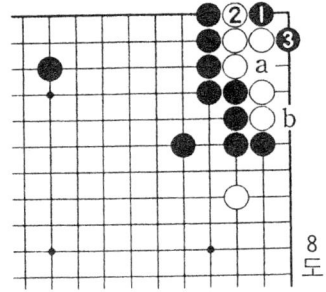

6도(눌러 부수기)

흑1·3에 백4로 취해도 좋다. 흑5가 그 나름대로 저항하지만, 백6·8로 눌러 부수기. 이것도 패는 아니다.

4도, 5도, 6도가 백 무조건 사는 것은 외 공배가 한 개 비어 있기 때문이다.

7도(공배가 메꿔지면)

외 공배, 즉 ▲가 있으면 사정은 알 수 있다.

흑1·3의 패 외, 백2에서 a도 흑3으로 패. 이번에는 백b로 이어도 패에 변함이 없다.

8도(이것도 패)

흑1·3으로도 패. 이 뒤 백a는 흑b.

'공배 메꾸기가 몸 메꾸기'라는 격언이 가르치는 대로, 공배 메꾸기는 무서운 것이다.

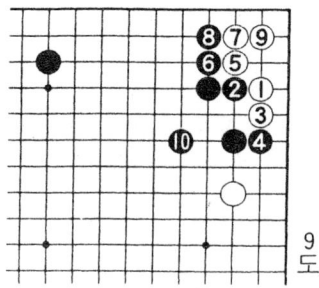

9도(원형의 수순)

9도

9도(원형의 수순)
원형이 완성될 때까지의 수순이다.
백1에서부터 들어가 흑10까지 어지럽힌 것이다.
9도 백9가 살기의 형, 내어 끊기에 대비하여 흑10을 뺄 수 없다. 백9에서,

10도(형에 없다)
백1로 뛰는 것이 아니다. 흑2가 선수가 되어 버린다. 흑2에 백 손빼기는——

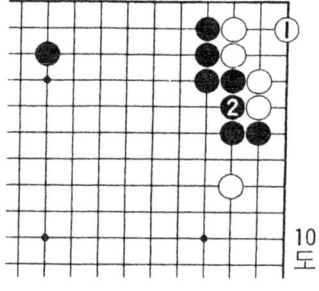

10도

11도(무너진다)
흑1·3으로 백은 엉망진창이다.

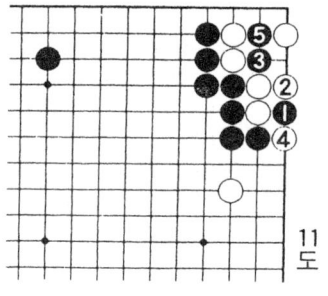

11도

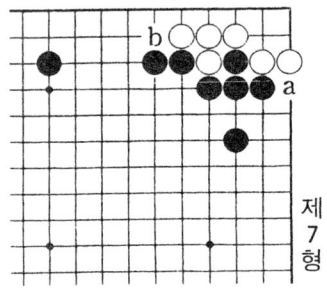

제 7 형 · 흑선

사활의 기본형이다.

흑 a · b 어느쪽인가의 누르기가 작용하고 있다. 단, 이 형의 백을 이대로 공격해도 죽일 수 없다.

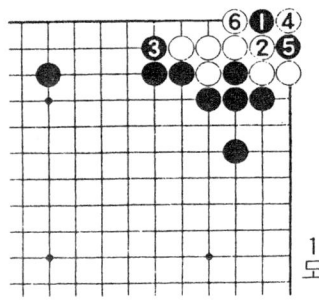

1 도(백의 수 읽기 맥)

죽이러 가려면 흑 1 로 놓은 다음, 3 의 누르기 인데, 백 4 의 호수가 있어 눌러 부수기의 살기가 된다. 흑 5, 백 6 까지, 그 결과는 요연할 것이다.

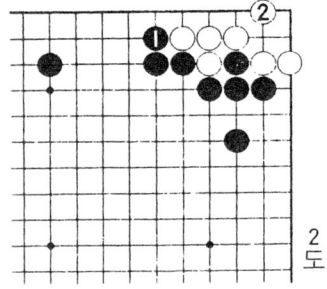

2 도(누르기의 작용)

흑 1 의 누르기에는 백 2 로 사는 형. 흑 1 은 선수이다.

백 2 를 손 빼기하면,

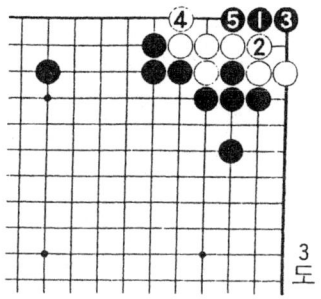

3도

3도(귀의 구부러진 4
집)

이번에야말로 흑1이
급소의 공격. 백2의 잇
기에 흑3·5에서 귀의
구부러진 4집이 되어버
린다. 물론, 귀의 구부
러진 4집은 알고 있는
바와 같이 흑사이다.

수순 중, 흑3이 중요
하고,

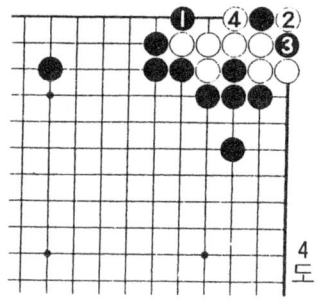

4도

4도(소생)

흑1로 품을 좁히는 것
으로는 백을 죽일 수 없
다. 백2의 던져 넣기가
상용의 맥. 흑3의 취하
기를 기다려 백4로 눌
러 부셔 백이 산다.

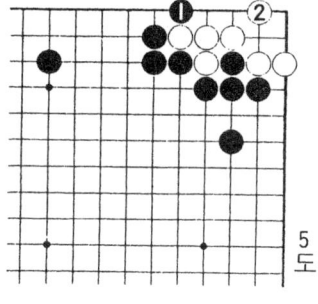

5도

5도(문제 밖)

애써 죽인 백을 흑1
로 젖혀 살리는 것은 문
제 밖이다.

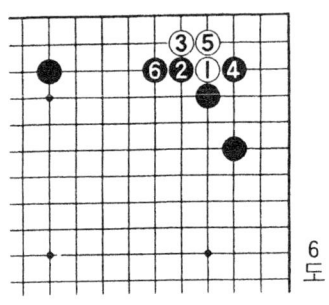

6도

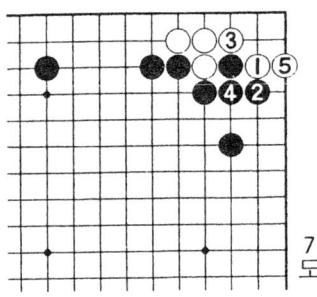

7도

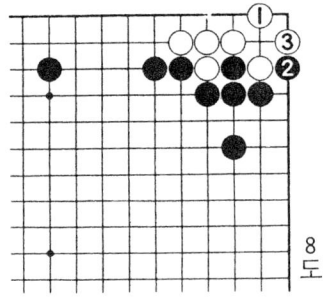

8도

6도(원형까지의 수순)
여기에서 원형까지의 수순을 나타내 두겠다.

흑이 이미 준비하고 있는 곳에 백1·3은 침입의 맥이다. 여기에서 흑 4·6이 아마츄어가 자주 사용하는 끼움수에 가까운 속맥. 흑4·6에 응수를 할 줄 모르면, 백 죽을 우려가 없다고 할 수 없다.

7도(붙이기가 맥)
6도 흑4·6의 끼움수에는 백1의 붙이기가 맥이다. 이것으로 풀고 있다. 흑2에 백3·5로 사는 것이 원형. 백5가 좋고,

8도(패)
백1·3으로 패로 하는 것은 최선이라고 할 수 없다.

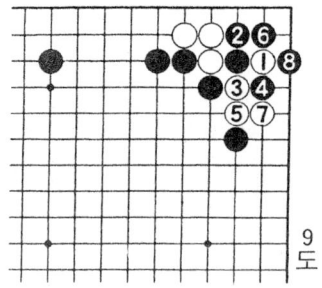

9 도

9 도(자재(自在)의 풀기)

그렇다면 백1의 붙이기에 흑2로 저항해 가면? 물론, 이 대책도 준비되어 있다. 그것은 백3으로 끊어 좋다. 흑4·6 정도의 것. 백7을 정하여,

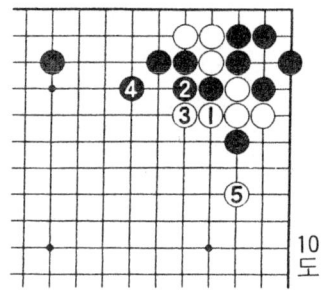

10 도

10 도(백 푼 형)

백1·3으로 누르기. 흑4가 받는 형인데, 백5로 벌려 백 푼 형이다. 흑 진영 속에서의 싸움이므로, 백 성공이다.

7 도 백1 붙이기를 모르면 계략에 빠진 형이된다.

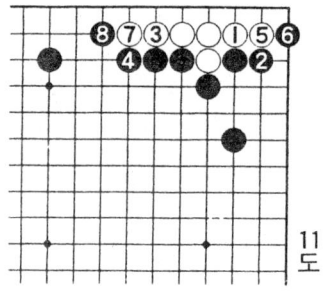

11 도

11 도(무책)

백1·3에서 2선을 뻗는 것으로는 흑8까지 살기가 없다는 것은 명백.

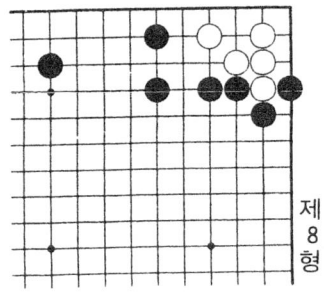

제8형·흑선

아니, 저 형에서 생긴 것이구나, 그런 생각을 할 것이다. 첫눈에, 원형까지의 수순을 안다면 유단자라고 할 수 있을 것이다.

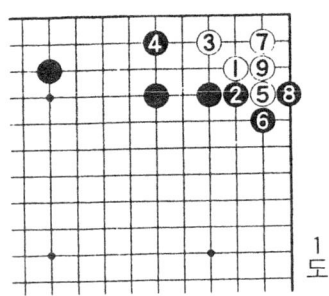

1도(원형까지의 수순)

백1의 3·3 뛰어 들기에서 9까지, 이 백은 무조건 살아 있다. 여기저기 작용은 있지만, 지금 곧 죽여도 실패할 것이다.

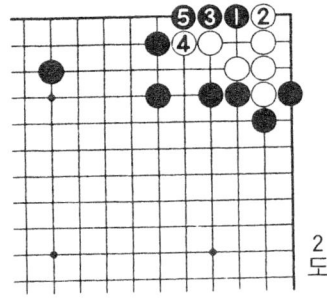

2도(실패의 증명)

지금 곧 죽이러 간다면 흑1로 놓는 수밖에 없다. 백2·4에 흑5로 끌어내려는 것이다. 단, 바깥쪽이 소홀하면 실패이다.

2도 뒤——

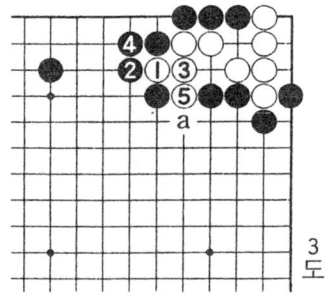

3도(포위망, 찢어진
다)

백 1·3 으로 좋고, 흑
4 에 백 5 로 붙여 내어
져 흑a에 누를 수 없다.
흑의 포위망이 찢어진다.

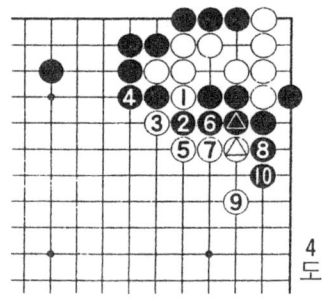

4도(작용이 많다)

◎와 ●의 교환을 하
면, 순간 귀의 백은 위험
에 빠진다.

2도 흑 1 에서 3도 흑
4 뒤, 백 1 에 흑 2 의 누
리기가 성립. 흑10 까지
귀의 백을 취한다.

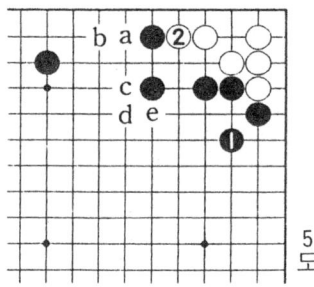

5도(여러 가지 작용
이 있다)

흑 1 의 걸쳐 잇기에는
백 2 가 부득이하다. 달리
흑a에서 e 등도 백 2 를
뺄 수 없는, 요컨대 이 주
위가 작용이다.

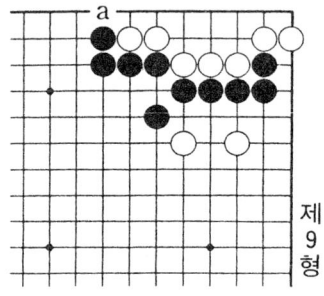

제9형

제 9 형 · 흑선

흑의 화점에 백이 걸치고, 흑 눈목자 받기에서 만들어진 형이다.

백의 품은 넓지만 흑 a의 내리기가 작용이다.

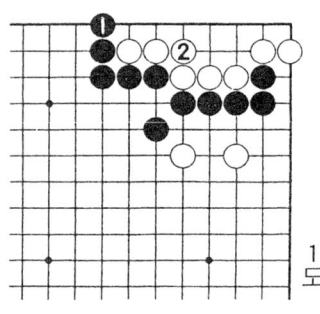

1도

1 도(백 손 넣을 필요)

흑 1 에는 백 2 로 손넣어 둔 때. 손 빼기는 불가능.

2 도(패)

백 손 빼기에는 흑 1 의 놓기가 급소. '세 점의 한가운데가 급소' 라는 격언대로의 한 수이다.

흑 1 에 백 2 의 잇기라면 흑 3 · 5 로 패로 뛰어든다(백 2 에서 3 도 흑 2, 백 4, 흑 a의 패). 백 6 으로 취하는 패밖에 없다.

백 6 에서——

2도

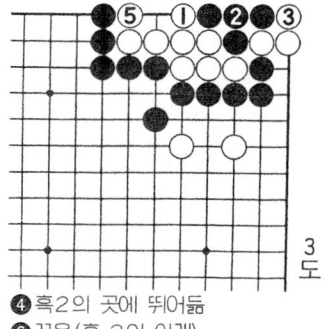

3도(누르는 수 없음)
백1에서 살기라고 생각하는 것은 수읽기의 부족. 백3에 흑4·6으로 누르는 수 없어 백사가 된다.

❹ 흑2의 곳에 뛰어듦
❻ 끎음(흑 2의 아래)

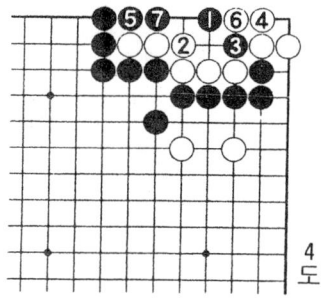

4도(걸침 눈)
흑1·3에 패를 거부하여 백4로 저항하면 흑5·7로 걸침 눈. 백사는 분명하다.

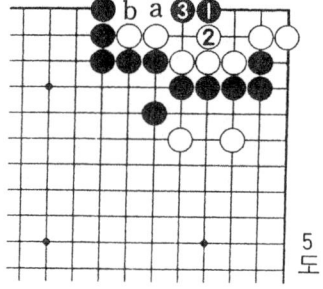

5도(백 공배 메꾸기)
흑1의 급소에 백2는 흑3이 냉정. 이 뒤, 백a라면 흑b의 빼앗기. 백은 공배 메꾸기이므로 성공하지 못하는 것이다.

112

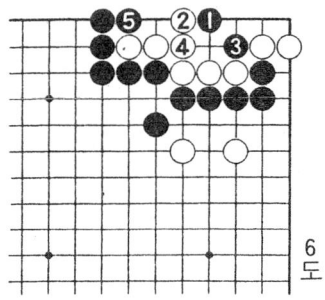

6 도

6 도(누르는 수 없음)

흑 1의 급소 일발로 백은 마비되어 버린다.

백 2로 걸쳐 이어도 흑 3·5로 누르는 수 없다.

흑 1은 백의 공배 메꾸기를 찌르는 급소였다. 첫수, 흑 1의 급소 이외에는 잘 되지 않는다.

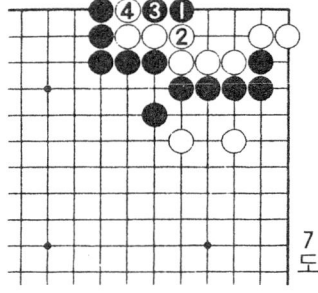

7 도

7 도(실패)

예를 들면 흑 1·3은 평연하게 백 4로 눌러져, 나중 공격이 없다.

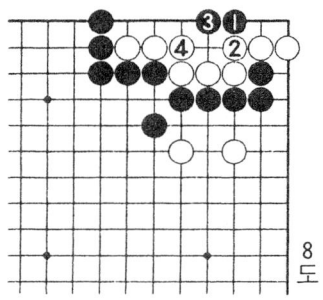

8 도

8 도(백 삶)

또 흑 1·3도 백 4.

7 도, 8 도, 모두 백 무조건 살기. 패가 가능한 곳이었기 때문에 성공하지 못한다.

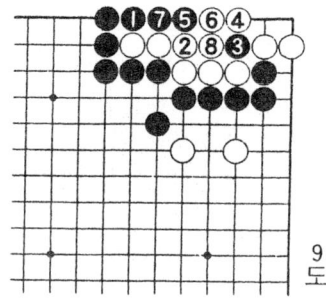

9 도(마찬가지)

품을 좁히는 흑1도 백 2 이하로 무조건 산다.

몇 번이나 강조했지만, 단도직입, 흑6으로 급소로 쫓는 것이 좋은 것이다.

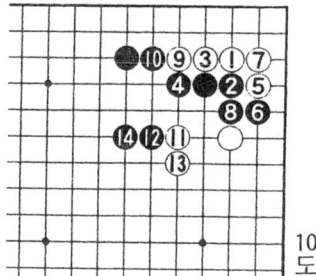

10 도(기본 정석)

백 1 의 3·3에서 흑 14 까지, 화점에서 눈목자로 기본 정석이다.

흑4에 백 5·7로 젖히는 것이 정석 수순. 백 5 에서——

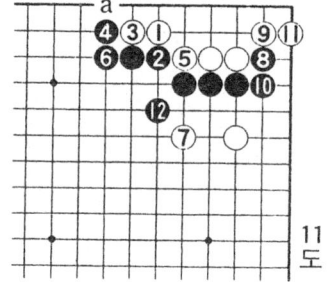

11 도(원형까지의 수순)

백 1 의 날일자는 다소 백이 얇은 것이다 라고 하는 것은 흑12 의 뒤, 흑a의 내리기 등 작용이 있기 때문이다.

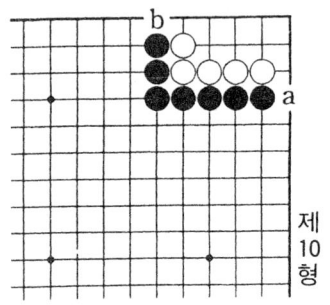

제 10 형

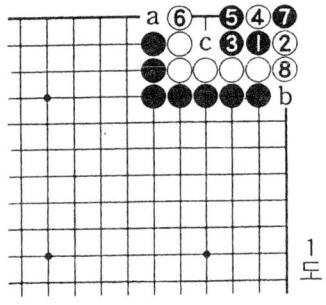

1 도

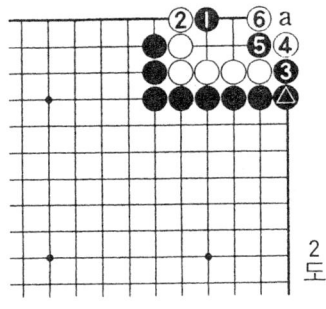

2 도

제 10 형 · 흑선

이 형은 만년패가 된다. 그 만년패란——

1 도(만년패)

흑 1·3 에서 백 8 까지. 흑에서부터 이 패에 이기기 위해서는 a, b로 외공배를 메꾸고, 흑c로 패이 경우, 3 수 종반패인데, 상당한 수수가 들기 때문에 '만년패'라고 부르고 있다.

제 10 형으로 돌아가, 흑에서부터 a, b 내리기도 작용이다. 흑b의 작용에 관해서는 제 11 형에서 설명한다.

2 도(패에 없음)

●의 내리기에는 백 6 으로 살아 둔 때.

●에 손 빼기 하면 흑 1 을 정한 다음 3·5로 백사이다. 이 뒤 백 6, 흑a의 패라고 생각하는 것은 읽기가 얇다. 백 6 에 대해서,

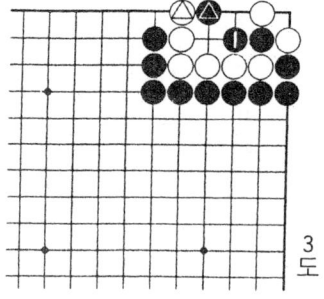

3 도 (공배 메꾸기)

흑 1 로 뻗어, 백 공배 메꾸기를 위해 누르는 수 없음. ●와 △의 교환 이 작용하고 있는 것을 잘 알 수 있을 것이다.

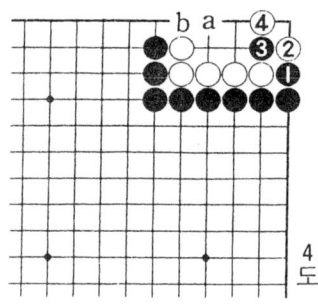

4 도 (패)

흑 a, 백 b의 교환 없이 흑 1·3 으로 공격하는 것 은 백의 의도. 이번에야 말로 백 4 로 정진정명의 패가 된다.

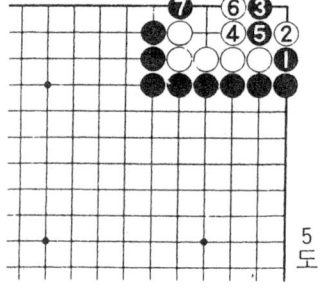

5 도 (죽이기의 다른 방법)

흑 1, 백 2 때 흑 3· 5 라도 백사. 두 가지 죽 이는 방법이 있다.

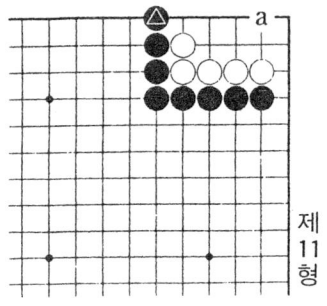

제11형·흑선

이번에는 ●의 내리기이다. 역시, 백a로 살 때.

●의 손 빼기는——

제11형

1도(백사)

흑1·3이 수순. 백4에 흑5로 품을 좁힌 다음 7로 치중한다. 백사는 분명할 것이다.

흑3이 중요한 수순으로——

2도(되놓기)

곧 흑1로 품을 좁히는 것은 실패이다. 백2·4가 좋고, 흑5에 백6의 되놓기.

죽이기의 수순을 틀리지 않도록 주의한다.

1도 백4의 변화. 백4에서——

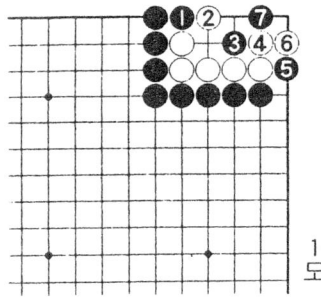

1도

2도

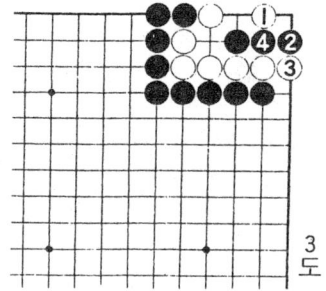

3도

3도(3집 치중)

백 1 로 뛰어도 흑 2·4 로 3 집 치중. 백의 저항은 없다.

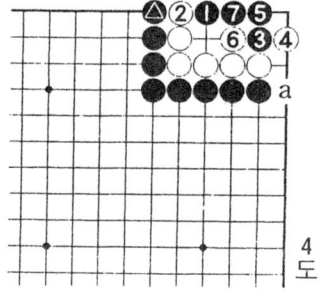

4도

4도(패)

▲ 의 내리기와 a 로 내리고 있는 제 10 형을 혼동해서는 안된다.

흑 1 이 그 차이로, 백 2·4 에서 흑 7 까지 외길. 빅밖에 되지 않는다. ▲ 의 내리기를 활용하고 있다고는 할 수 없다.

5도(만년패)

이것도 다르다.

▲ 의 내리기가 있는데 흑 1·3·5 로 만년패형이 되어 버렸다.

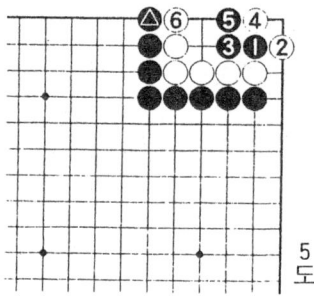

5도

118

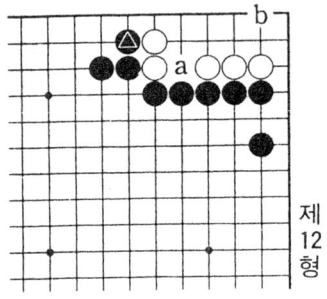

제 12 형

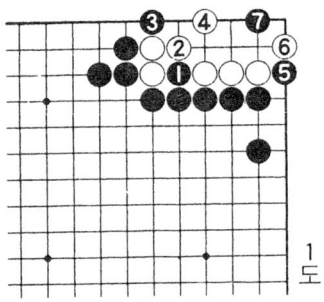

1도

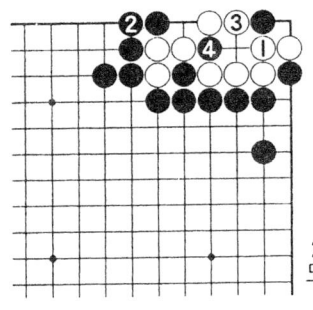

2도

제 12 형 · 흑선

⬤의 누르기는 선수. 백 손 빼기는 불가능. 백은 a로 살려 두는 것이 보통. 때로는 백b로 산다. 백b는 제 13 형으로 설명하겠다.

우선 ⬤의 누르기에 백 손 빼기는 어떻게 될까? 그것을 설명해 두겠다.

1도(상용의 맥)

흑1·3으로 품을 좁히고, 흑5의 젖혀 죽이기이다. 흑7의 두기까지 죽이기의 상용 수순이다.

2도(백사)

1도 뒤, 백1, 흑2 기본 잇기, 이미 몇 번이나 등장하고 있는 맥이다.

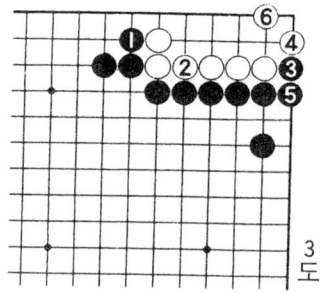

3도(손질 필요)

이상에서 흑1에 백은 어떤 손질이 필요한지 알았을 것이다.

백2의 잇기라면 흑3·5로 젖혀 잇기가 선수이다.

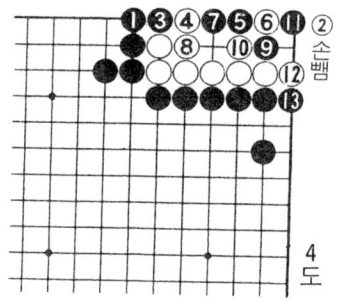

4도(작용하지 않는다)

이 형은 흑1이 작용하고 있지 않다. 백2 손빼기에 흑3·5로 공격해도, 흑13까지 백의 빅살기는 일목요연하다.

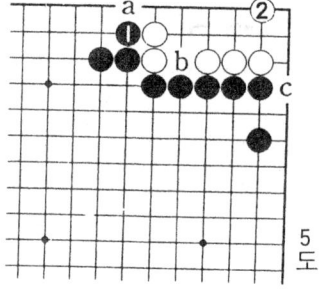

5도(작용이 변한다)

흑1에 백2라면 이번에는 흑a의 내리기가 작용. 흑1에 백b라면 흑c가 작용.

백의 받는 방법에 따라 작용의 장소가 변하는 것에 주의한다.

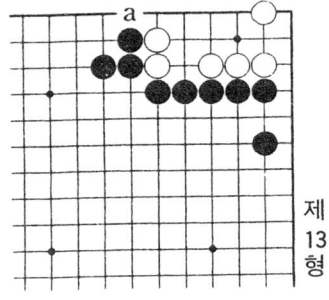

제 13 형 · 흑선

흑a의 내리기가 작용하고 있는가 어떤가 하는 문제이다. 여러 가지, 재미있는 변화가 출현한다.

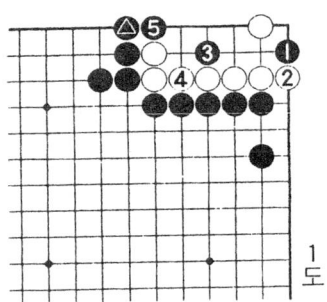

1 도 (백사)

●의 내리기에 백 손빼기는 흑 1 의 놓기에서 3 의 붙이기가 죽이기의 수. 이 이외에는 흑을 죽일 수 없다. 백 4 라면 흑 5 로 건너 백사이다.

백 4 에서——

2 도 (빼앗기?)

백 1 의 붙여 대기에서 3 의 던져 넣기. 이어서, 흑 4, 백 5 의 빼앗기라는 것은 백의 이길 수 읽기이다. 백 3 에는 흑에서부터 교묘한 저항이 있는 것이다.

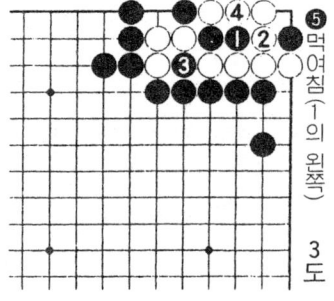

세로글씨: 먹여침(1의 왼쪽)

3도

2도 백1·3 때,

3도(한 눈)

흑1로 뻗는 것이 정착이다. 백2라면 흑3·5로 깎아내어 놓아 한 눈밖에 없다.

또——

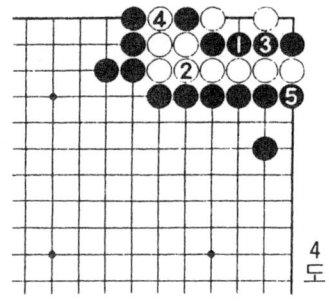

4도

4도(백 공배 메꾸기)

흑1에 백2로 잇는 것은 흑3이 맥. 백4로 취해도 이어서 흑5로 단수하면 잇는 수 없다.

2도 백1에 흑2의 아래 젖히기가 중요. 흑2에서,

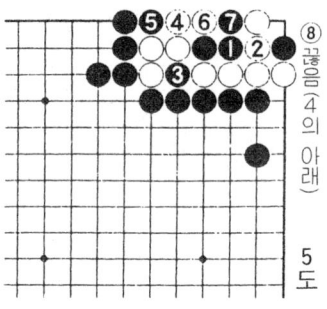

세로글씨: 꼬부림(4의 아래)

5도

5도(돌 아래)

흑1·3은 속맥이다. 백4가 호수. 여기에서 백6이라면 흑4로 백사이다. 흑5에 백6·8로 돌 아래의 백 살기가 된다.

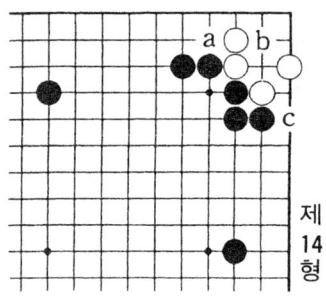

제14형·흑선

자주 나오는 기본 사활이다.

흑a의 누르기는 백b, 흑c 모두 살아 있다.

그러나, 이것은 최선이라고는 할 수 없다.

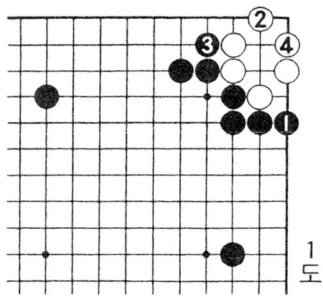

1도(최선 수순)

흑1로 내리는 것이 보통이다. 백2가 사는 형으로 흑3, 백4까지. 이것이 최선의 수순이다.

제14형의 흑a, 백b, 흑c로 정하는 것에 비해 1도는 백집이 1집 다르다.

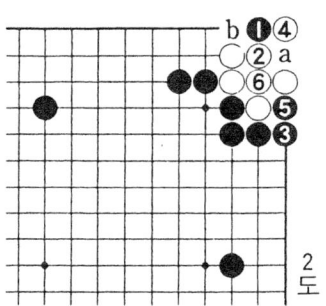

2도(눌러 부수기)

흑1로 2·1의 급소에 놓아도 백2로 살아 있다. 이어서 흑3·5에는 백6으로 좋고, 이 뒤 흑a라면 백b의 눌러 부수기.

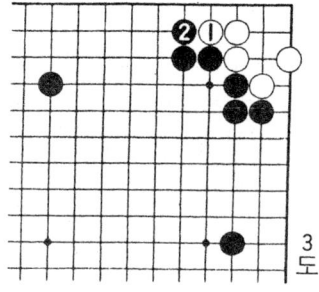

3도(악수)

백1의 뻗어 넣기는 선수라고 하는 것, 흑2로 눌러져 백1은 악수가 된다. 백1은 어떻게 찌를까?

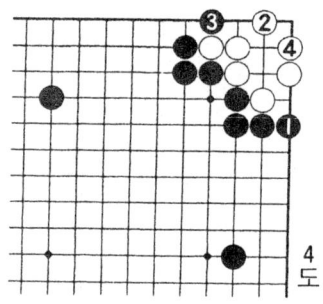

4도(실패)

흑1의 내리기에서 3으로는 백의 악수를 찌를 수 없다. 백4로 무조건 산다.

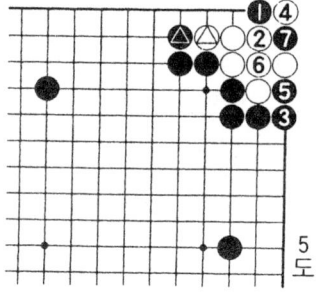

5도(패)

△와 ▲을 교환한 이 형에서는, 딱, 2·1의 급소를 공격하는 것이 정착이다. 2도와 같은 수순인데 상황이 다르다. 즉, 백2·4에 흑3·5·7. 이번에는 공배 메꾸기이므로 눌러 부수기가 아닌 패.

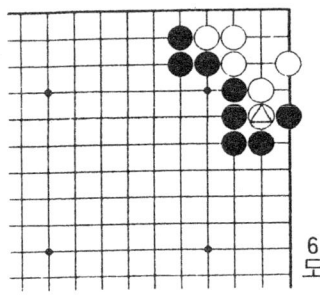

6 도(백 삶)

앞 페이지 **3 도**와 조금 다르다. 즉 △으로 뻗어 넣고 있다. 이 형이면 백은 살아 있다.

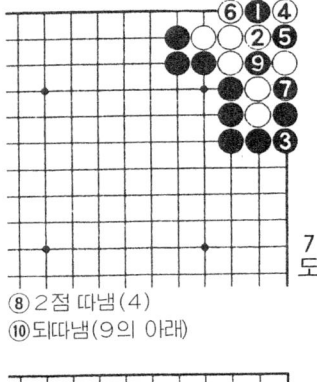

⑧ 2점 따냄(4)
⑩ 되따냄(9의 아래)

7 도(눌러 부수기)

흑 1 로 내부에서부터 공격하는 수밖에 없다. 백 2 이하는 같은 수순이지만, 흑 9 에 백 10 으로 되취하게 한다.

앞 페이지 **3 도**와 달리, 백 10 으로 되취하게 한 때에 뻗어 넣는 효과가 나타나고 있다.

8 도(원형)

제 14 형의 원형이다. 흑의 마늘모에 백 1·3 에서 7 까지, 잘 생기는 형이다.

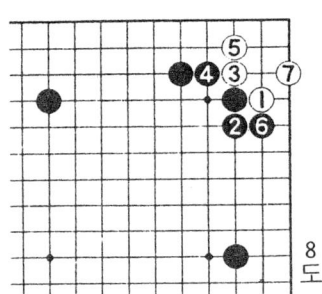

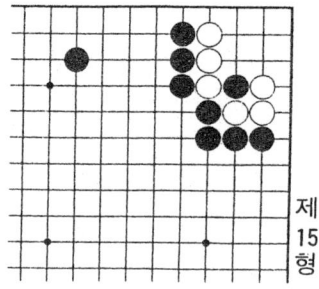

제 15 형

제 15 형 · 흑선

이 형을 보고, 어떤 정석에서부터 만들어진 것인지 알겠는가?

아하, 그 형에서라고 원형이 떠오른다면 당신은 고단자일 것이다.

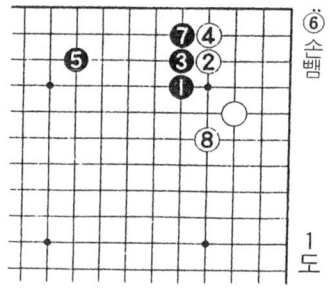

1 도

1 도(목 빗기기의 정석)

흑 1·3 에서 5 까지, 목 빗기기의 기본 정석이다. 이 뒤, 흑부터 놓으면 흑 7, 백 8 마늘모 형이다. 그러나, 흑 7 에 백 8 을 손 빼기 했다. 이때는——

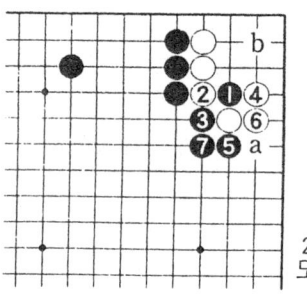

2 도

2 도(붙여 놓기가 맥)

흑 1 의 붙여 놓기가 맥. 이것으로 딱 봉쇄할 수 있다. 흑 7 까지는 외길. 이 뒤, 흑 a 의 누르기가 선수, 백 b 로 살려 둔다.

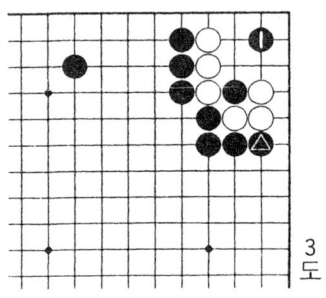

3 도

3 도(백 손 빼기는?)
▲ 의 누르기에 백이
손 빼기를 하면 어떻게
공격할까?
　흑 1의 급소 한발로 백
은 마비되어 있다. 백은
어떻게 놓아도 돈사의 운
명이다.

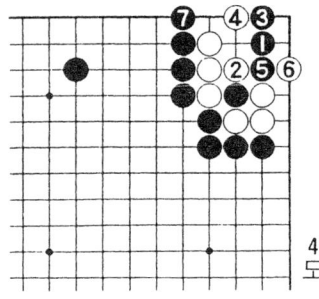

4 도

4 도(백사)
　흑 1에 백 2로 빼는 것
은 흑 3이 일격, 호수이
다. 백 4로 건너기를 멈
추는 정도이지만 흑 5·
7로 결과는 분명할 것
이다. 백사. 백 6에서 —

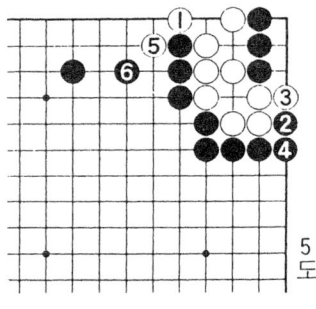

5 도

5 도(변화)
　백 1의 젖히기는 흑 2
·4. 이어서, 백 5도 흑
6으로 무조건 죽음은 피
할 수 없다.

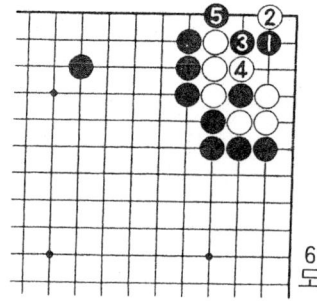

6도

6도(간단)

흑1에 백2의 붙이기. 좋을 듯한 수이지만 흑 3·5로 간단하게 건너 고 있다.

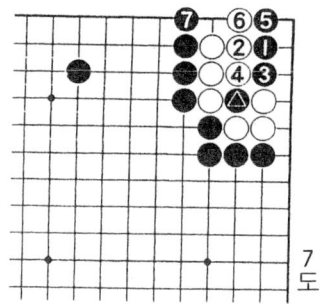

7도

7도(비틀었지만)

흑1에 백2로 비틀어 갔다. 과연, 어떨까?

백2에는 흑3의 붙여 대기에서 5의 내리기가 중요하다. 그리고, 백6 에 흑7. ▲을 옥집으 로 해 버리면 이 백에 삶 은 없다. 그것은 다른 변 화에서도 마찬가지.

8도(흑 실패)

흑1의 젖히기로는 좋 지 않다. 백2에서 후속 수단이 없다. 백2에서 a라면 흑2로 뻗어 백사.

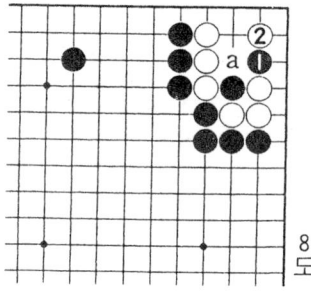

8도

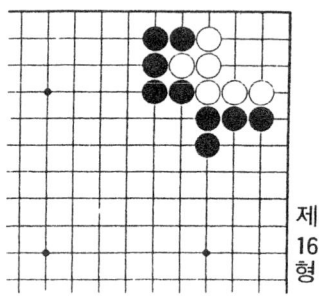

제 16 형

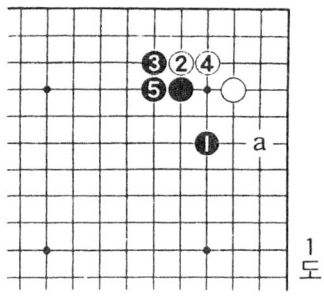

1 도

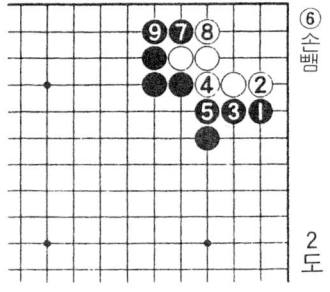

2 도

제 16 형 · 흑선

'모두 알면 5단'이라고 일컬어지고 있는 비수(秘手)이다. 그 중 기본형이다. 여러 가지 형으로 만들어진다.

1도(고목의 기본 정석)

흑1에서 5의 잇기까지로, 고목 정석의 기본형이다. 백은 이대로 손빼기하는 경우가 많고, 놓는다면 백a의 날일자. 흑5의 뒤——

2도(원형까지)

흑1·3에서 5로 정한 때. 후에 흑7·9로 젖혀 잇는 것이 원형이다. 흑7·9는 거의 선수, 백이 손 빼기하면 패가 된다. 단, 아무래도 9의 장소에 내리기를 살리고 싶다면 다른 방법이 있다.

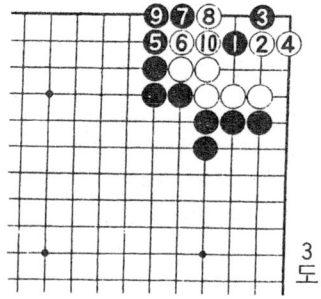

3도

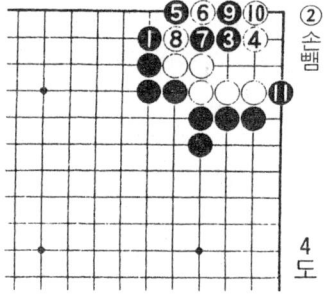

손뺌

4도

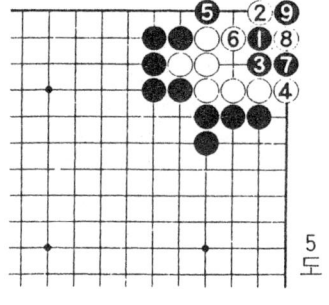

5도

3도(절대의 삶)

그것은 흑1의 놓기. 백2·4는 어쩔 수 없고, 흑5의 내리기. 백6에 흑7·9의 젖혀 잇기까지 선수로 살아 있다. 백 집은 커지지만 흑5·9 까지의 살기를 절대적인 것이 되게 하기 위해서 는 그것은 참아야 한다.

4도(흑11, 호수맥)

단순히 흑1의 내리기 도 선수이다. 백2의 손 빼기는 흑3·5가 호수. 그리고, 백10 때 흑11이 공배 메꾸기를 붙이는 호 수맥으로 백사. 따라서, 흑1에 백8로 받아 둘 때이다.

5도(패)

여기서 백 손 빼기는 흑1, 백2에서 9까지 패.

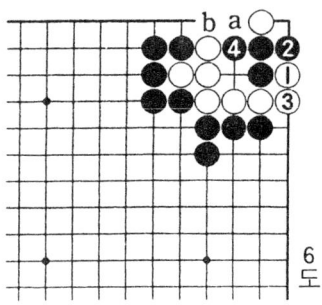

5도 백4의 변화.

6도(5집 치중의 백사)

깜박 백1로 젖히면 흑 2·4로 5집 치중의 백사가 된다. 흑4 뒤, 백 a라면 흑 손 빼기해도 치중이고, 백b도 늦든 이르든 백a로 놓지 않을 수 없으므로, 백사의 결과는 알 수 없다.

5도 흑5의 변화.

7도(만년패)

흑1은 백2·4로 만년패. 실패이다.

5도 백6의 변화

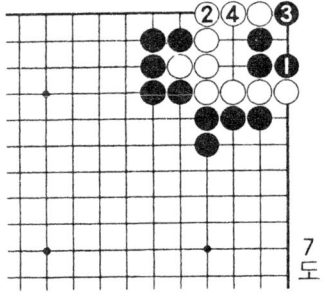

8도(같은 패)

백1·3도 흑6까지 같은 패. 흑4에서 5는 백 4로 빅 살기가 된다.

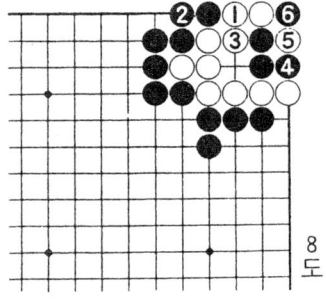

제 4 장

기본 정석 후의 작용

　이번에는 정석 후의 작용. 많이　있지
만, 이것만은 알아 두었으면 하는 10형을
엄선했다. 바둑 싸움의 다른 맛을　보아
주기 바란다.

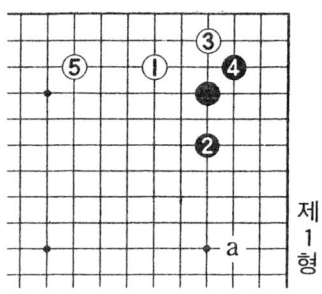

제 1 형

제 1 형 · 백선

화점의 가장 기본적인 정석. 화점의 한 칸 받기 정석이다.

백 5 뒤, 흑 a로 화점 아래에 벌려 두는 것이 큰 곳이다. 단, 이 흑 a 는 손 빼기를 하는 경우 도 많다.

1 도 (백 1, 거의 선수)

백 1 의 메꾸기는 거의 선수이다. 즉 백 1 은 듣 는 것이다. 상당히 큰 곳, 급히 서둘 필요가 없는 한, 흑 2 로 근거를 확보 해 둔다.

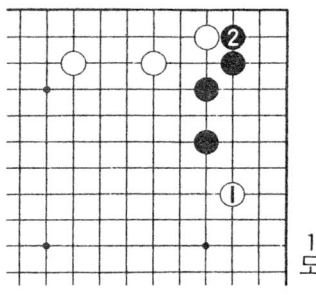

1 도

2 도 (협공이 강력하다)

반대로, 백 1 에 뻗어 넣 기에는 흑 2 로 눈목자에 받아 둔다. 흑 2 의 손 빼 기는 백 a의 협공이 강 력하다.

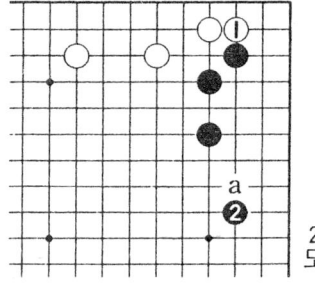

2 도

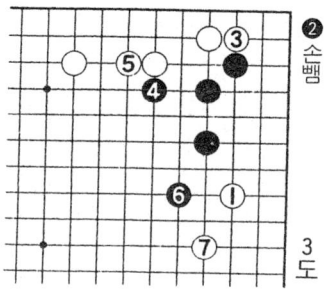

3 도(흑 근거 없음)

백 1·3, 양쪽을 점령
하면 흑은 근거가 없어
져 버린다. 이어서 흑 4
·6 정도의 도망에는 백
7 로 대비, 흑은 공격 목
표가 되어 버린다.

흑 4 에서,

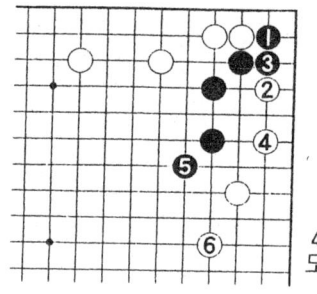

4 도(백 호조의 공격)

흑 1 의 누르기는 백 2
·4 에서 6. 백 호조의
공격이다.

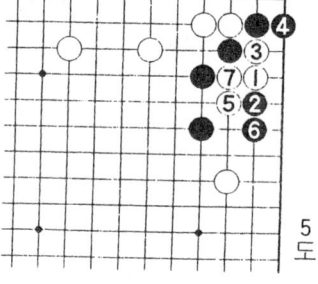

5 도(저항 없음)

백 1 에 흑 2·4 의 저
항은 없다. 백 5 의 젖히
기에서 7 로, 흑 찌부러
짐일 것이다.

이상에서, 1 도 백 1
의 메꾸기, 2 도 백 1 의
뻗어 넣기는 작용. 흑 손
빼기는 불가능하다.

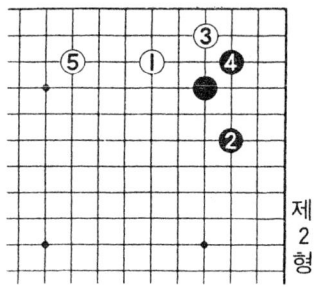

제 2 형

제 2 형 · 백선

화점의 마늘모받기 정석의 기본형이다. 제 1 형의 작용과 비슷하다.

1 도(흑 2 거의 절대)

백 1 의 메꾸기가 선수이다. 흑 2 로 받아 둔 때.

백 1 에서 2 로 뻗어 넣는 것은 특수한 때. 흑은 a 로 두 칸에 벌려 둔다. 백 1 에서 2 가 특수하다는 의미는 이미 흑 b 의 메꾸기가 있고 △ 두 점이 흑 2 에 의해 공격당할 가능성이 있는 경우이다.

2 도(근거 없음)

△ 에 흑 손 빼기하면 백 1 의 뻗어 넣기로 근거 없음. 흑 2 라면 백 3 · 5 의 찌르기이다. 백 5 에 흑 a 는 백 b 로 흑 찌부러짐. 흑 4 에서는 ——

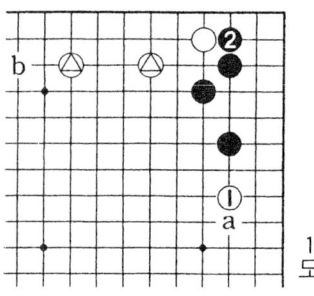

1 도

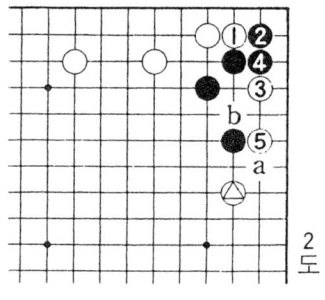

2 도

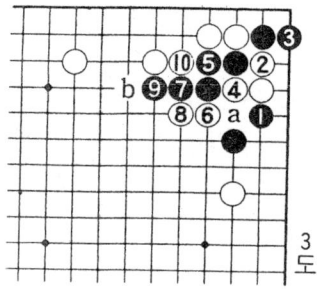

3도

3도(축 관계)

흑1의 마늘모 붙이기가 일단 저항. 백2에는 흑3이 맥이다. 그러나, 백4·6의 반격이 있고, 백 축이 좋으면 흑9에 백10. 흑a라면 백b의 축. 또 흑b는 백a.

단, 백 축 나빠도——

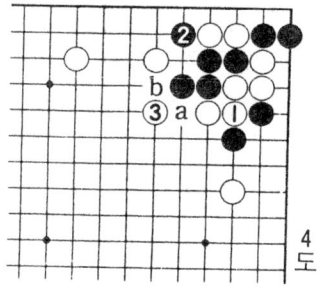

4도

4도(백 좋다)

백1의 잇기에서 3의 걸치기로 봉쇄할 수 있다. 이에 백a나 b가 작용하므로 백 좋다.

3도, 4도 모두 백 좋다.

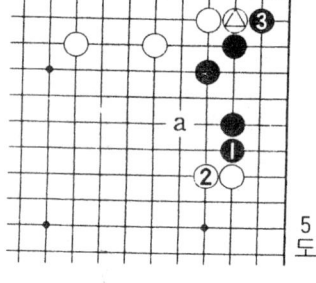

5도

5도(응급 처치)

따라서, ⓦ에는 흑1·3이 응급 처치. 또는, 흑1에서 a로 뛰어둔 때이다.

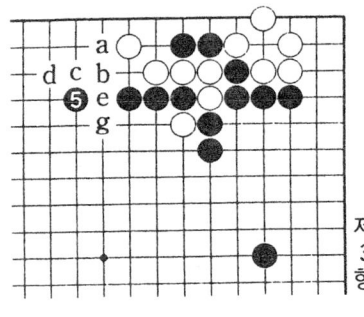

제 3 형 · 흑선

화점에 두 칸 높이 끼
우기 정석이다.

우선 먼저, 이 정석이
만들어지기까지의 수순
을 나타내 두겠다.

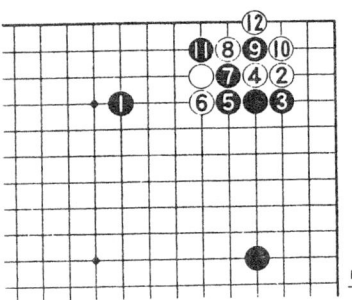

1 도 (흑 9·11, 수순)

흑 7, 백 8 때, 흑 9 의
쳐들어가기에서 11이 수
순이다. 이어서 백 12에

2 도 (맥의 연타)

흑 1·3 에서 5 로 두
점으로 하여 버리는 것
이 맥. 백 6 의 뻗기를 기
다려 흑 7 로 잇는다. 백
8, 흑 9 까지로 일단락.

그리고, 이 형은 흑a
에서 g까지, 7 군데의 작
용이 남겨져 있는 것이
다. 그런 만큼 '언제, 어
디에, 어떤 작용이 있을
지' 어려운 것이다.

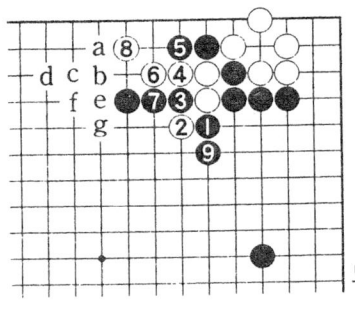

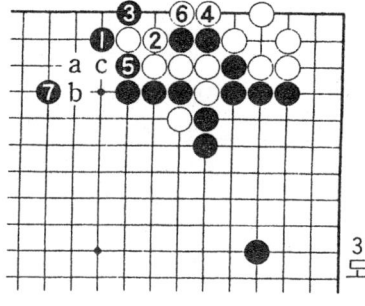

3도(작용 1)

흑1의 붙이기가 작용. 백2에서 흑7까지가 형이다. 흑7 뒤, 백a의 틈새는 흑b로 버리든가, 흑c의 잇기. 배석에 의한다.

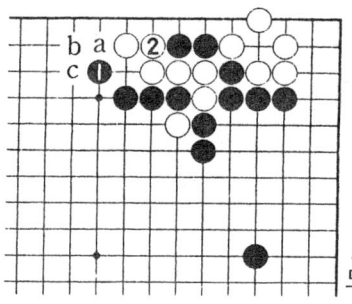

4도(작용 2)

흑1은 백2. 백2에서 a는 흑b, 백2, 흑c. 아뭏든 백은 2로 수가 되돌아가므로, 단순히 백2로 지켜야 하는 것이다.

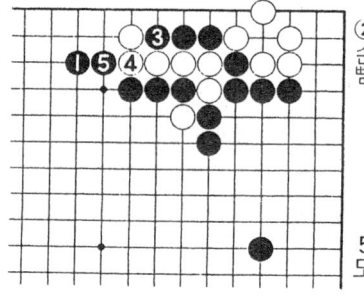

5도(작용 3)

흑1도 작용. 흑3으로 백 취해진다. 흑1에는 백3으로 지켜 두는 곳이다.

138

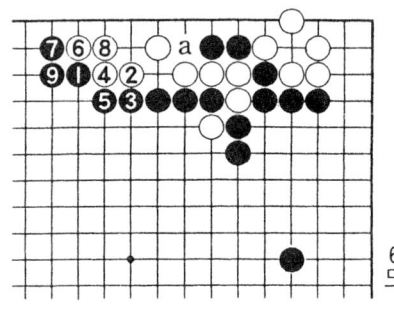

6도(작용 4)

흑1, 이렇게 멀리에도 작용이 있는 것이다. 흑1에도 백a가 냉정, 백2, 4 등 흑을 굳히는 만큼, 흑 점점 두꺼워진다.

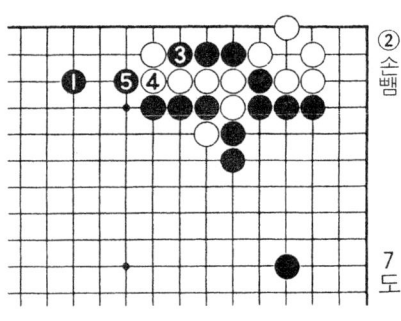

7도(축 관계 있지만)

흑1에 백 손 빼기하면 흑3·5.이로써 백 찌부러짐이다. 이어서——

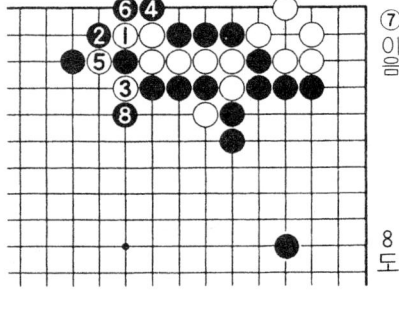

8도(축)

백1에 흑2로 누르기, 백3에 흑4·6에서 8의 축.

7도 흑1은 축 좋다는 것이 전제가 된다.

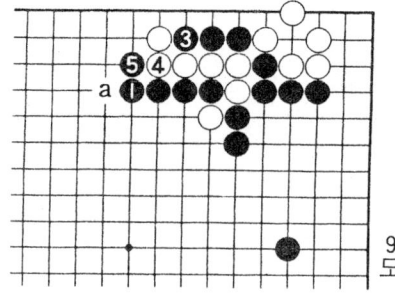

9도(작용 5·6)

흑1의 작용은 일목요연하다. 흑1에서 a도, 백 손 빼기는 흑3의 단수에서부터 백 취해지는 것은 명백.

9
도

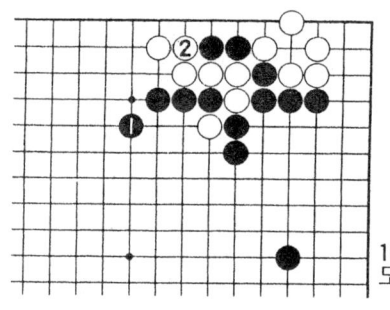

10도(작용 7)

흑1의 마늘모도 작용. 역시 백2의 손질이 필요. 백2의 손빼기는———

10
도

11도(축)

흑1·3·5에서 11까지 축. ▲이 작용하고 있는 때는 백은 도망칠 수 없다.

흑은 두 칸 높이끼우기의 정석, 흑에서부터 여러 가지 작용이 있는 것이다. 백

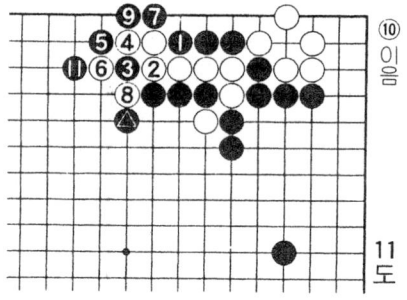

11
도

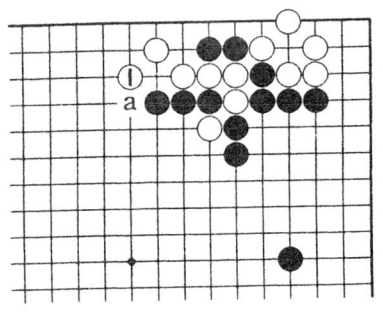

의 입장에서 보면, 여러 가지 작용 때문에 괴롭다. 따라서, 이 작용을 봉쇄해 두는 것이 침착한 호수가 되는 경우가 많은 것이다.

12도

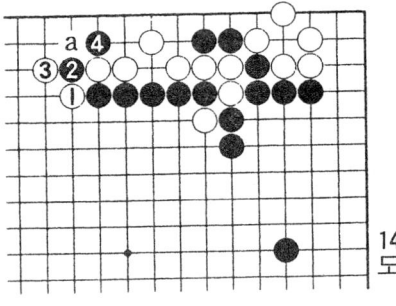

13도

12도(작용을 죽인다)

백 1의 마늘모, 이로써 흑에서부터 작용을 죽여 간다. 이뒤, 백a가 강력하다. 그리고,

14도

13도(보통)

흑 1·3·5로 넓혀 두는 것이 보통.

흑 5에서 a의 누르기도 있다. 또, 백 4의 뻗기에서—

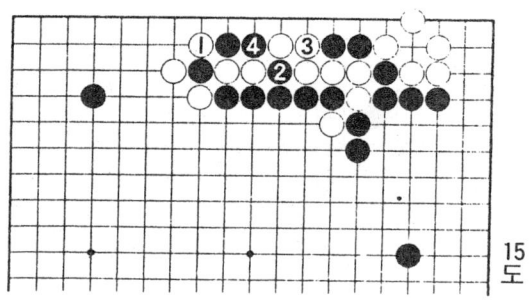

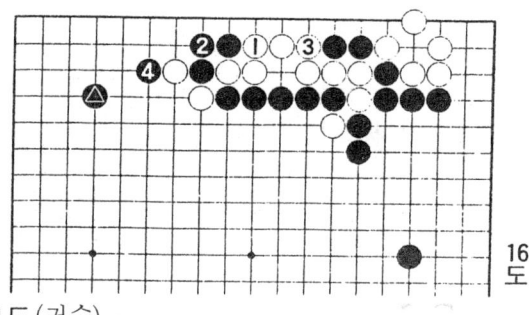

14도(귀수)

백 1 의 젖히기는 흑 2 의 끊기. 백 3 때 흑 4 가 귀수(鬼手)이다(흑 4 에서 a 는 백 4 로 눌러져, 흑 풀기가 곤란하다). 이어서,

15도(백 찌부러짐)

백 1 의 빼기는 흑 2 · 4 로 백 찌부러짐이다. 백 1 로는 놓을 수 없다.

16도(흑 4 , 맥)

따라서, 백 1 로 잇는 수밖에 없고, 흑 2 , 백 3 때, 흑 4 의 맥으로 건넌다. 좌상에 ▲ 등이 있으면 백 고전이다.

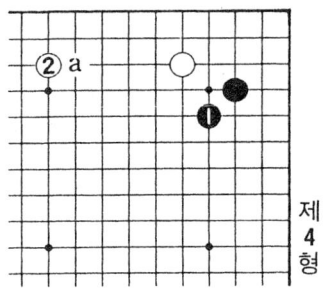

제 4 형

제 4 형 · 흑선

소목의 기본 정석에 들어간다.

흑 1 의 마늘모는 견실. 백 2 로 4 칸 벌리기. 백 2 에서는 a도 있다.

그럼, 이 뒤, 흑에서부터의 작용은?

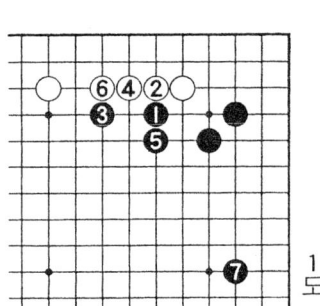

1 도

1 도(우변을 부풀려 올린다)

흑 1 의 날일자에서 3 으로 뛴다. 백 4 에 흑 5 가 형. 선수를 잡기 위해서라도 꼭 기억해 두어야 할 맥이다. 백 6 으로 건너는 수밖에 없고, 흑 7 로 벌린다. 우변에 세력을 구축하기 위한 작용이다. 흑 1 · 3 에 ——

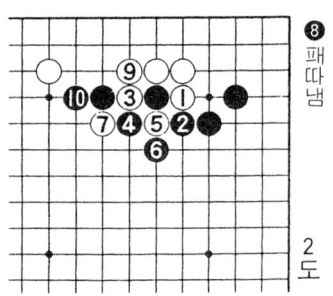

패 따 냄

2 도

2 도(반발 없음)

백 1 · 3 으로 반발하는 것은 무리이다. 흑 4 · 6 이 준비된 맥. 흑 10 까지 편한 싸움이다.

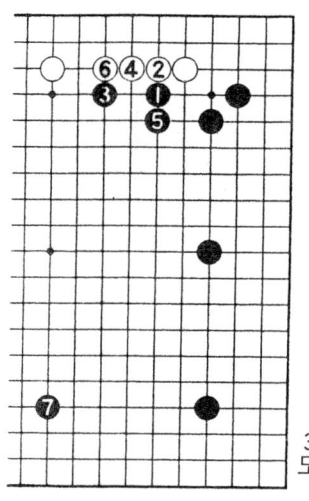

3도

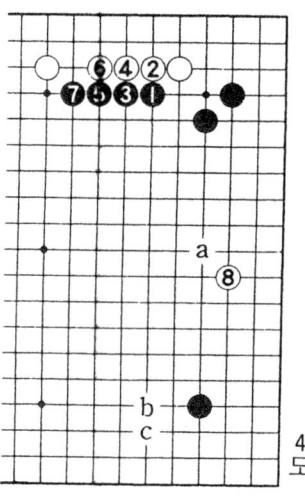

4도

3도(이상적인 큰 모양)

흑1·3·5로 선수를 잡고, 백6을 기다려 하변 흑7의 호점에 선착한다. 우변이 흑 모양인 때는 이렇게 살리는 방법도 있고, 이로써 흑은 이상적인 큰 모양이 되었다.

이것도, 흑1에서 5의 살리는 방법을 알아 두어야 하는 것이다.

4도(흑 후수)

흑1, 백2 때, 흑5로 뛰지 않고 흑3으로 뻗으면 흑 후수가 된다.

백4·6에 흑7을 뺄 수 없고, 백8로 절호의 갈라 놓기에 선착된다. 가령 3도와 같이 흑a가 있으면, 백b나 c로 걸쳐진다. 흑 후수를 잡으면 좋을 것이 없다.

4도의 흑7에서——

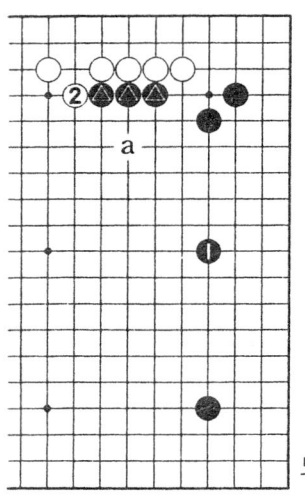

5도

5도(흑 공배 메꾸기)

흑1은 백2의 부풀어 오르기가 절호점이다.△ 세 점은 공배 메꾸기의 전형, 이어서 백a의 급소로 마비되어 버린다. 그렇다고 새삼스럽게 흑 a로 지킬 기분도 아니 다. 백2가 반짝이고 있 다.

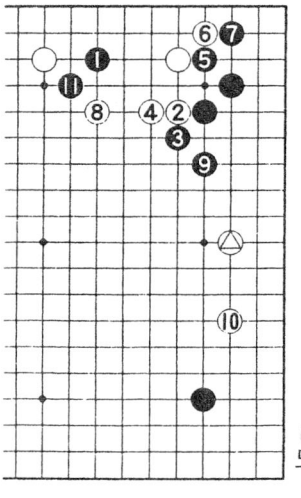

6도(배석에 의한다)

이미 △에 갈라 놓기 가 있다.

이런 배석에서는 3도 와 같이 날일자에 걸쳐, 여기에 세력을 만들어도 소용없다.

흑은 형을 정하려면, 흑1의 뛰어 들기. 흑1 은 이 한 점을 도망쳐 내 는 것보다 뛰어 들기로 정형하려 할 것이다. 흑 9, 백10이라면 흑11의 움직여내기가 강력하다.

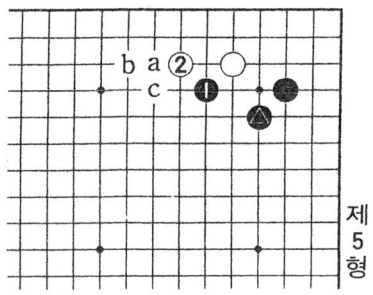

제5형

제 5 형 · 흑선

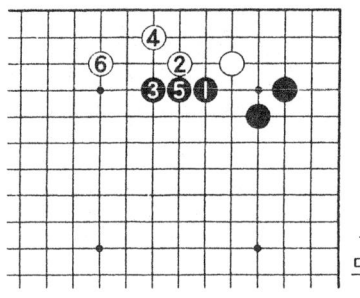

1도

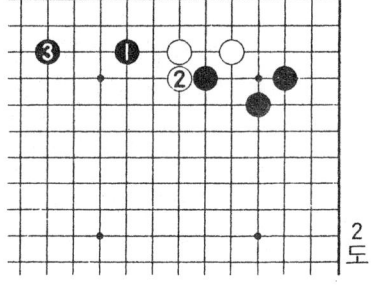

2도

⬣의 마늘모에 백 손 빼기도 자주 있다. 여기에서, 흑1의 날 일자와 흑a나 b의 두 가지 놓기가 있다. 그 리고 흑1의 날일자, 백2의 뛰기 뒤에도 두 가지 놓기가 있다.

흑c의 걸치기, 및 흑b의 협공이다. 어 느 것이 좋을까는 국 면에 따라 다르다.

1도(우변을 세력 화)

흑1·3·5는 우변 을 세력화하는 놓기.

2도(상변을 중시)

흑1·3으로 상변 을 중시하는 놓기 방 법.

배석에 따라 살리 는 방법이 달라진다.

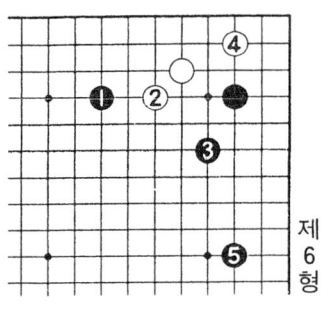

제6형

제6형·흑선

두 칸 높이 끼우기의 기본 정석.

1도(마늘모의 작용)

흑1의 마늘모가 작용이다. 백은 2·4·6으로 지키는 정도이다.

흑1에서 백6까지, 정석 후의 정형이 되어 있다.

1도 백2를 손 빼기하면 백은 곤란을 겪는다.

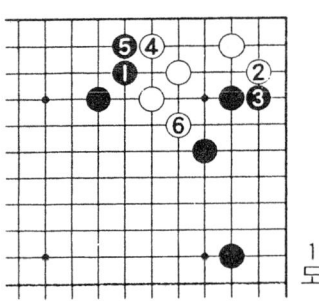

1도

2도(백은 눈모양 없음)

흑1이 공격의 급소. 흑1만 알고 있으면 백 곤란을 겪는다.

백2라면 흑3으로 근거를 빼앗아 공격한다. 백4에 흑5·7은 이상적인 발전이다.

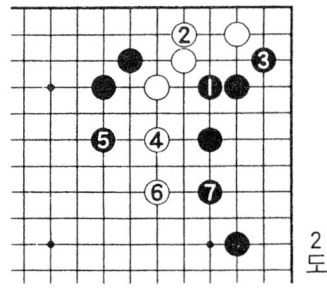

2도

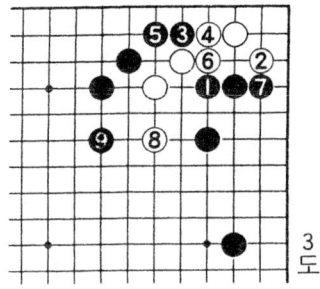

3도(호조 그것)

또, 흑1에 백2의 마늘모라면, 거기에서 흑3·5로 붙여 당긴다. 백6에 흑7·9로 추격하여 호수. 역시 백은 한 눈밖에 없다.

흑3이 맥. 흑3에—

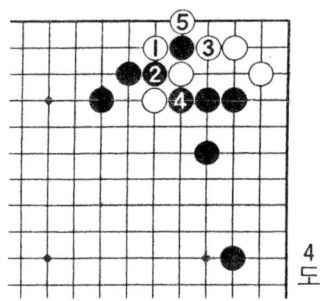

4도(선수로 절단)

백1·3의 반발은 흑이 바라는 바. 흑4의 절단이 선수가 되므로 흑에게 나쁠 것은 없다.

방금 전, 2도 흑1이 공격의 급소라고 했다. 그 수로——

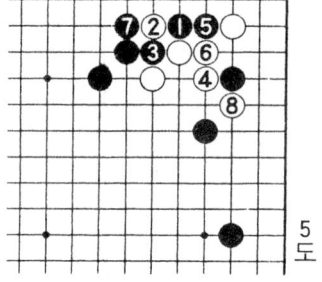

5도(수순이 나쁘다)

곧 흑1은 백2·4. 백8까지 크게 번창.

또, 5도 흑5에서—

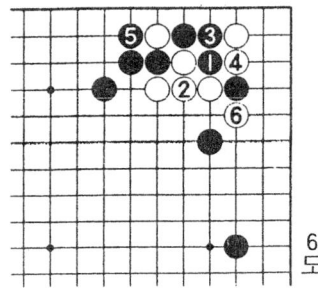

6도

6도(헛된 저항)

흑1·3도 헛된 저항
이다. 백4가 선수. 6으
로 안으면 백 호조이다.
흑은 백의 공격 방법을
모른다고 할 수 있다.

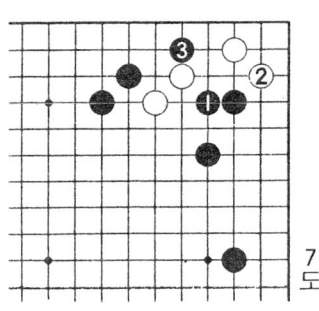

7도

7도(수순이 중요)

아마츄어의 놓는 방법
을 보면 흑1(가장 큰 급
소), 백2, 흑3이 아닌,
갑자기 흑3으로 붙이고
있는 사람을 자주 볼 수
있다. 모처럼의 호수도
수순을 틀리면 무의미하
다. 이 기회에 기억해두
기 바란다.

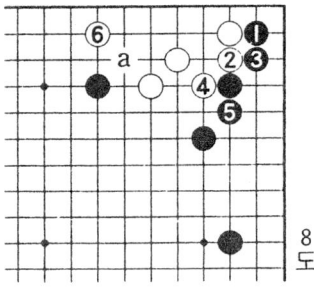

8도

8도(이것도 있다)

흑a가 소용 없다면,
흑1로 귀의 실리를 중
요시 한다. 이하, 백6이
중요.

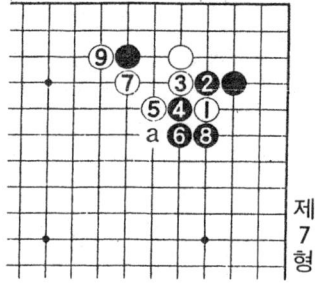

제7형

제7형·흑선

백9까지, 한 칸 끼우기의 기본 정석의 한 형이다. 이 뒤, a의 장소를 어느쪽이 선착할 것인가? 그것이 이 정석의 촛점이다.

1도

1도(흑에서부터의 작용)

흑1의 구부림을 작용으로 볼 것인가, 그것은 어려운 일이지만,타이밍이 좋으면 2·4·6으로 지키는 수밖에 없다. 흑1은 백의 세력을 한정하는 호점이다. 제7형의 백9의 안기에, 곧 흑1이하 정하는 것도 유력한 놓기일 것이다.

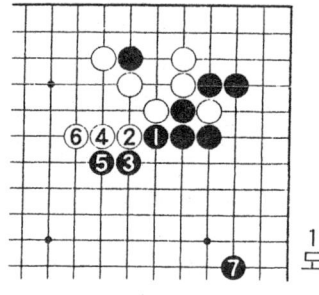

2도

2도(흑 두터운 수)

흑1에 백 손 빼기는 흑3·5·7로 두터워진다.

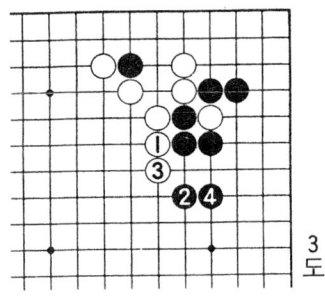

3도

3도(백의 작용)

반대로, 백1이 절호의 구부림이다. 흑2의 받기에 백3이 선수.

4도(끊기가 강력하다)

백1에 흑2 젖히기는 무리이다. 백3의 끊기가 강력하다. 이어서 흑4·6이라면 백7로 눌러 넣어, 이 싸움은 백 불리를 생각할 수 없다. 백7 뒤 흑a, 백b 정도일 것이다.

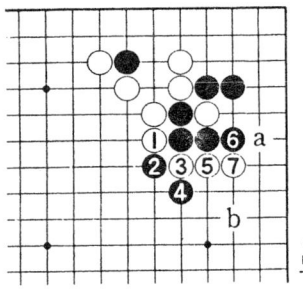

4도

5도(백 이상형)

백1에 흑 손 빼기는 백3이 형. 외워 두면 손해보지 않을 급소이다. 흑4에 백5로 봉쇄하여 백 이상형이다.

여기에서, 흑4를 손빼기 한 때, 백은 어떻게 놓을까, 그것도 알아 두어야 할 것이다.

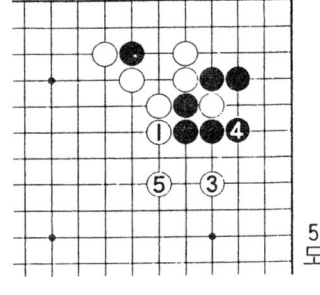

5도

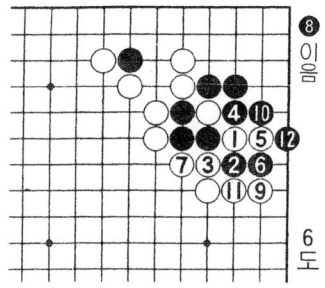

6도(백 1·3, 맥)

백 1 의 젖히기에서 3
의 끊기가 맥이다. 그리
고, 흑4에 백5로 두 점
으로 하여 버리는 것이
맥이다. 흑6이라면 백
7을 살려 백 9·11까지,
백 철벽이 되었다. 흑4
에서——

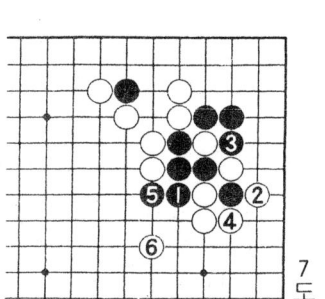

7도(백 호조)

흑1이라면 백2·4에
서 6으로 추격. 흑의 고
전은 피할 수 없다.

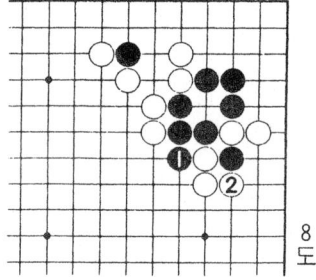

8도(흑 힘겹다)

6도의 흑6에서 1은
백 2. 흑은 공배 메꾸기
이므로 힘겨운 도망이다.

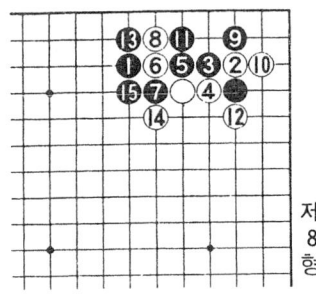

제 8 형 · 흑선

흑1은 날일자 협공의 기본 정석. 흑15까지로 일단락이다.

제 8 형

1도(상변을 모양화)

흑이 상변을 모양화하려고 하면 흑1이 급소가 된다. 흑1의 살리기에 백2의 걸쳐 잇기. 그리고 흑3과 이 출구를 막는다.

흑3 뒤, 흑a가 호점.

1도

2도(균형)

흑1에 백2라면 이대로 손 빼어도 좋다. 백4는 흑5·7로 좋고, 흑a의 머리 치기와 흑b에서는 내끊기가 균형.

흑1의 한 수로, 여기는 거의 멈추어 있는 것을 알 수 있다.

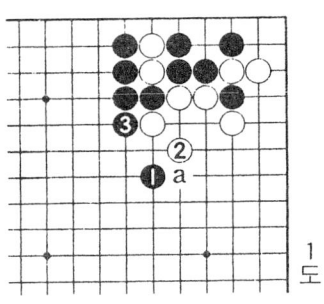

2도

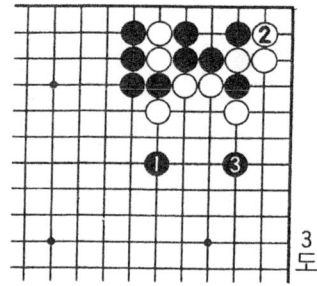

3도

3도(흑3에 마비)

흑1에 백2의 구부림은 좋지 않다. 흑3의 한 발로 마비되어 있다. 백 최악이다.

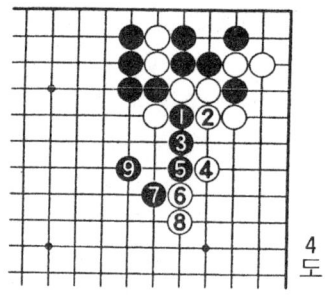

4도

4도(단도직입)

단도직입, 흑1로 쳐들어 가는 것도 있다. 백2·4의 수비에 흑5·7로 놓으려는 것. 백8에 흑9로 지키고 있다.

단, 흑1·3은 상변이 두꺼운 형이 아니면 놓을 수 없다. 라는 것은, 흑1·3·5·7이 공배 메꾸기로 조금 맛이 나쁘기 때문이다.

5도(자재)

항상 1도와 같이 살린다고는 단정할 수 없고, ▲이 있을 때 등은 흑1·3·5로 백을 위협한다.

5도

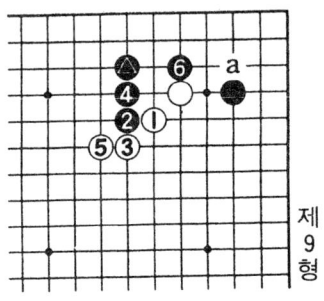

제 9 형

제 9 형 · 백선

● 의 날일자 협공에 제 8 형과 같이 백 a 로 붙이지 않고, 백 1·3·5 도 기본 정석. 흑 6 의 건너기로 일단락이다. 이 뒤, 백부터의 작용의 선택이 남아 있다.

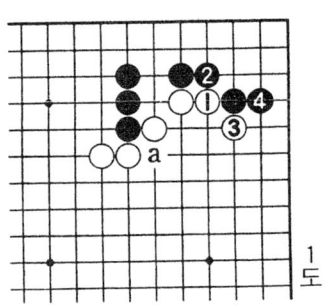

1 도

1 도(작용의 선택 1)

그것은, 우선 우변을 중시하면 백 1·3 의 살리기.

흑 4 의 뒤, 흑 a 의 끊기는 무섭지 않다.

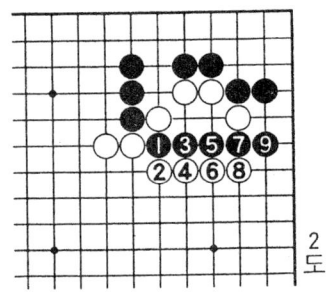

2 도

2 도(흑 시시하다)

즉, 흑 1 의 끊기에는 백 2·4·6·8 로 백 네점은 버린다. 백 네 점은 찌꺼기 돌. 찌꺼기 돌을 취하면 흑이 좋을 리가 없다. 따라서, 백 2 에서 3 등으로 움직여 내야 할 것은 아니다.

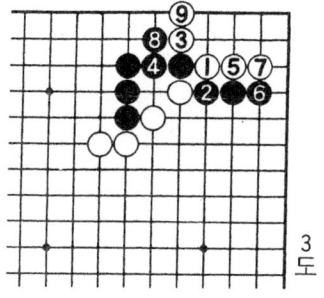

3도(작용의 선택 2)

1도와 같이 외세를 중시하는 놓기 이외에 백 1·3·5로 귀의 실리에 포인트를 두는 것도 있다. 이어서, 흑6·8에 백7에서 9의 내리기가 최선. 이어서,

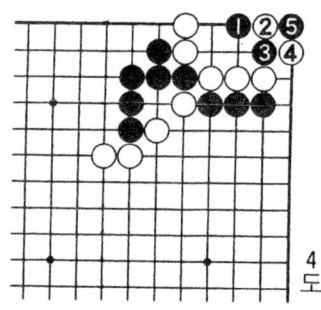

4도(패)

흑1·3·5의 패가 된다. 여기까지 외길. 패가 되는 것이 필연이다.

3도 흑6의 내리기가 냉정. 흑6에서,

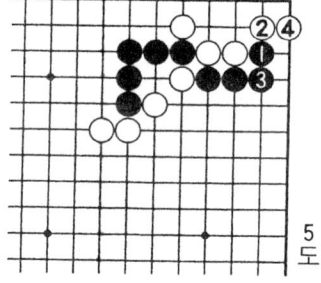

5도(무조건 작용)

흑1·3으로 젖혀 이으면 백4로 무조건 작용이 된다.

패가 될 수 있는 곳을 무조건 살리지 않도록…

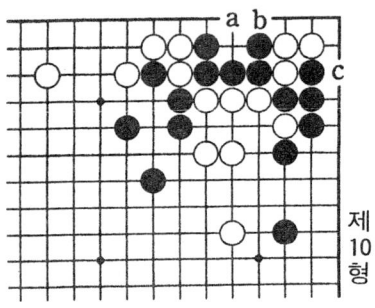

제 10 형 · 백선

크게 내기 안 구부리의 기본형이다. 이 형, 백에서 a, b, c 셋의 작용이 있다.

제 10 형

1도(안 구부림 정석의 유래)

백 10 때, 흑 11 로 안에 구부리는 것이 '크게 내기 · 안 구부림'. 흑 11 에서 a 가 '크게 내기 · 밖 구부림' 이라고 부른다. 흑 11 뒤——

1 도

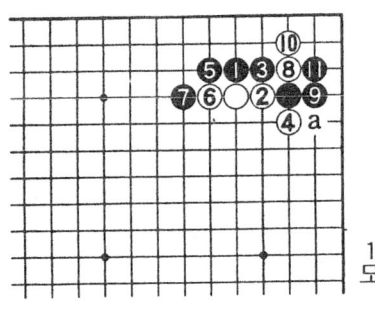

2도(안 구부림의 기본형)

백 1 에서 흑 18 까지가 안 구부림 정석의 기본형이다. 무수한 변화를 감추고 있는 정석이다.

2 도

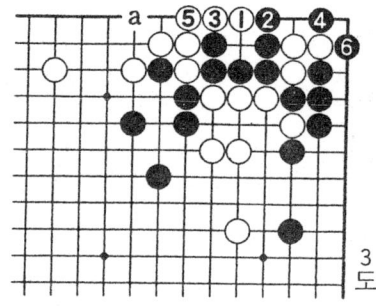

3도(작용 1)

우선, 백 1에서. 흑 2로 누르는 수, 백 3 · 5 까지 작용. 이것이 듣고 있으므로 상변의 백은 눈모양의 염려 없음. 이어서, 최악의 경우라도 백 a로 산다.

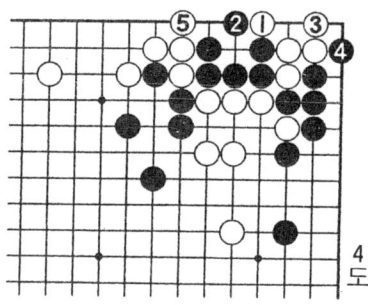

4도(작용 2)

백 1 · 3에 흑 4는 백 5로 한 수 종반패이다. 따라서, 이 백을 무조건 취하기 위해서는 흑 4에서—

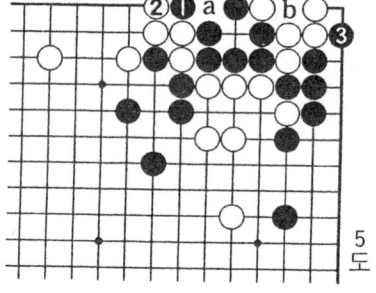

5도(양패)

흑 1 · 3으로 놓는 수밖에 없다. 이어서 백 a는 흑 b로 양패. 백은 취해졌지만, 달리 패가 발생한 경우에는 강하다. 즉, 여

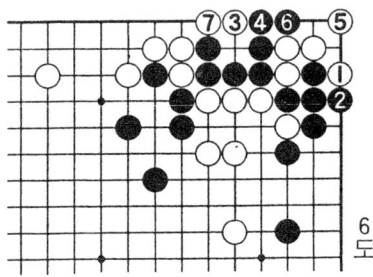

6도

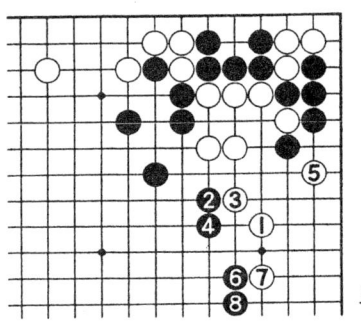

7도

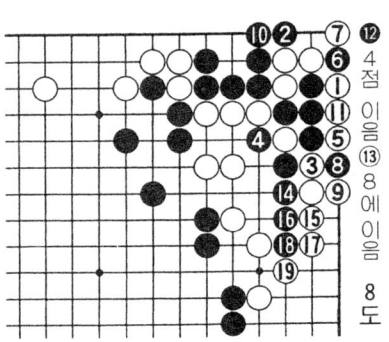

8도

기가 무한한 패 세우기가 되기 때문이다.

6도(작용 3)

백 1 젖히기가 작용의 그 셋. 백1에 흑 2로 깜박 받으면 백 3·5의 수순으로 한 수 종반패가 되어 버린다. 그러나 백1에 흑6으로 젖히면, 일단 백은 취해진다.

그러나 맛이 남는다. 그것은 정석 후가 아닌, 정석 중에 나타난다. 2도 백17 에서는——

7도 · 8도(흑 찌부러짐)

백1도 정석. 백7에 흑8은 8도 백1의 작용 이하 19까지. 흑 찌부러짐이다. 상세한 변화는 정석책을 참조하기 바란다.

제 5 장

실전·작용의 공방

　최후는 나의 실전이다. 프로의 작용과 살리기를 에워싼 공방은 굉장한 것이 있다. 단, 가능한 한 기본에 가까운 형에서 10국을 골랐다.

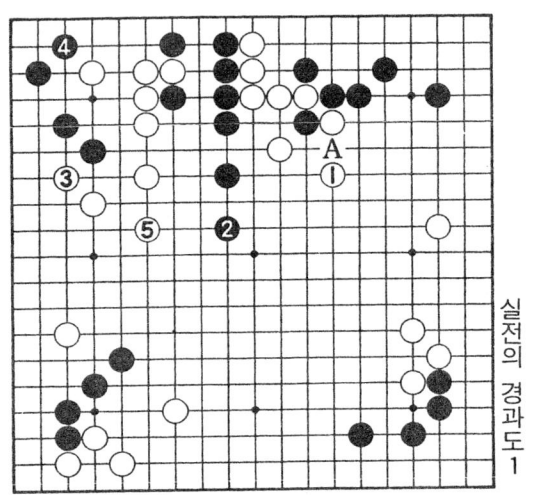

실전의 경과도 1

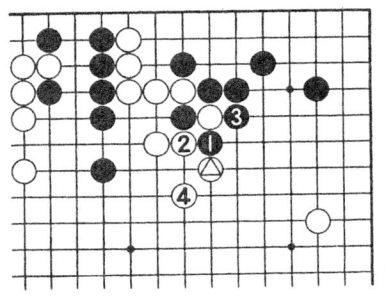

도 1

실전 1

흑 大竹 英雄
백 加藤 正夫
마지막인 이 장은 나의 실전이다. 작용을 둘러싼 공방은 사방에 출현한다.

실전의 경과도 1

이 부근에서의 형세는 집은 균형을 이루고 있지만 좌하에 흑 약한 돌이 있어 백 재미있다.

백 1의 뛰기는 가벼운 형이고 A는 무겁다. 백 1은 기억해 두었으면 하는 형.

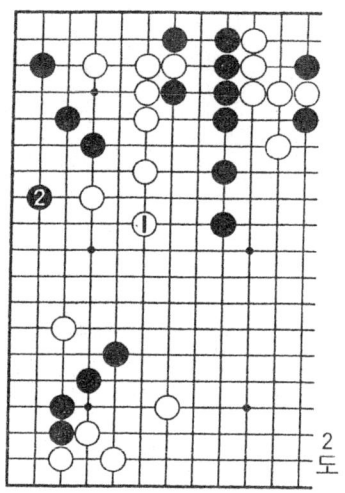

2도

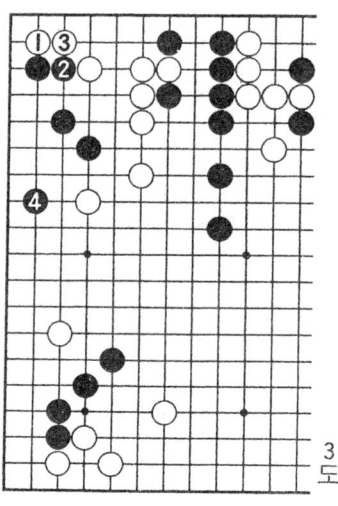

3도

그리고 흑2의 뛰기 때, 백3을 살린 다음 5로 뛰는 것이 수순이다. 흑은 좌하, 상변 두 군데에 약한 돌이 있어 고전이다.

1도(백 호형)

△의 뛰기에 흑1·3은 백2·4로 호형.

실전의 경과도1의 백3에서,

2도(흑2, 기민)

단순히 백1은 흑2가 기민. 흑2에 의해 백도 떠올라 버린다. 살리기의 타이밍이 중요하다는 것을 알았다. 또 백1에서,

3도(흑4, 절호점)

백1·3으로 살리는 것도 흑4가 빛난다.

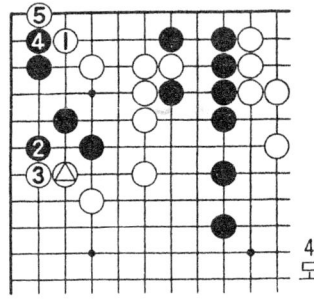

4도(손 빼기는 흑사)

△의 마늘모(실전의 경과도 1의 백 3)에 흑 손 빼기는 불가능. 흑 손 빼기는 흑사가 된다. 백 1에서 5까지 흑사이다.

실전의 경과도 2

흑 1·3의 도망쳐 내기에 백 4·6에서 공격을 겨냥하고 있다.

흑 7에서 13의 때, 백 14로 좌하의 흑에 덤벼 들어갈 때, 백 호조를 견지하고 있다.

△의 살리기가 빛나고 있다.

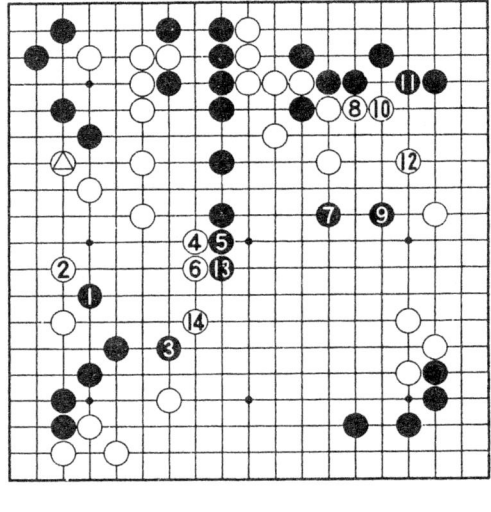

실전의 경과도 2

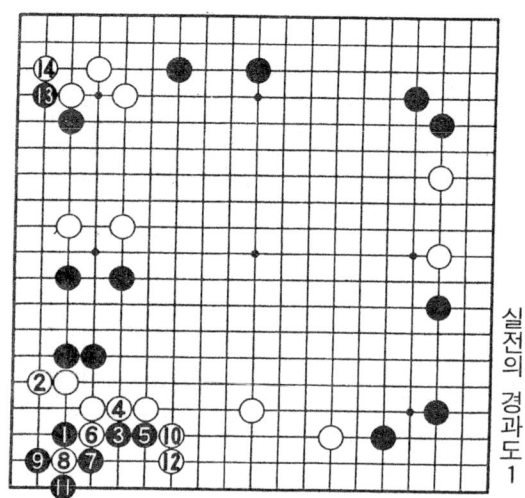

실전의 경과도 1

실전 2

흑 加藤 正夫

백 趙 治勳

실전의 경과도 1

이 국면에서는 흑1의 3·3이 크다. 백2의 내리기는 이 한 수(백2에서 6은 흑2로 살려지고, 이로써 좌변의 흑은 이미 공격할 수 없다). 귀를 어지럽힌 보상은 좌변의 흑 네 점을 공격하는 것으로 되놓아진다.

흑1, 백2, 흑3·5에서 백12까지가 되었다. 이 형이 정석의 한 형이다.

〈문제〉

여기에서 선수를 잡은 흑은 13, 백14를 살린 다음 어떻게 놓을까. 이 한 수라는 착점이 있다. 다음 한 수는 살

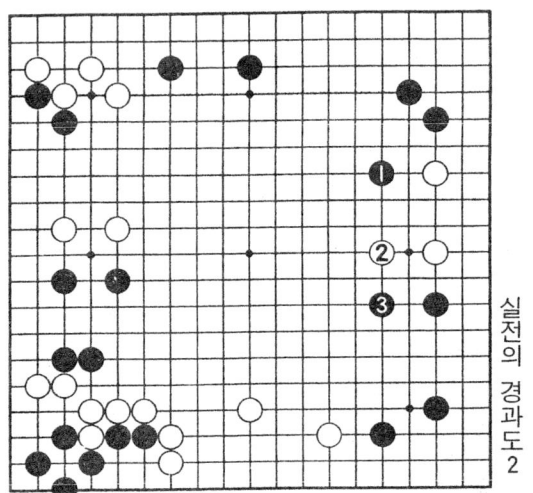

리고, 그것도 절호의 타이밍으로의 살리기이다.

흑 1, 백 2, 흑 3 까지, 다음 세 수를 생각해 보자.

실전의 경과도 2

나는 흑 1 의 칼끝에서 3 으로 추격했지만, 이것은 최선이라고는 할 수 없다. 흑 1 은 호점임에는 틀림없지만, 살리기의 수순을 잃었던 것이다.

1 도(흑 1·3, 절호점)

흑 1 의 날일자 걸치기의 한 수이다. 이 흑 1 의 살리기가 절호의 타이밍이었다. 백 2 로 받지 않을 수 없고, 흑 3·5 로 공격하여 절호조이다. 상변의 흑 모양이 커져 부풀어 올라간다. 흑이 주도권을 잡고 전개하고 있다는 것을 알 수 있을 것이다.

2 도(흑 3, 강력하다)

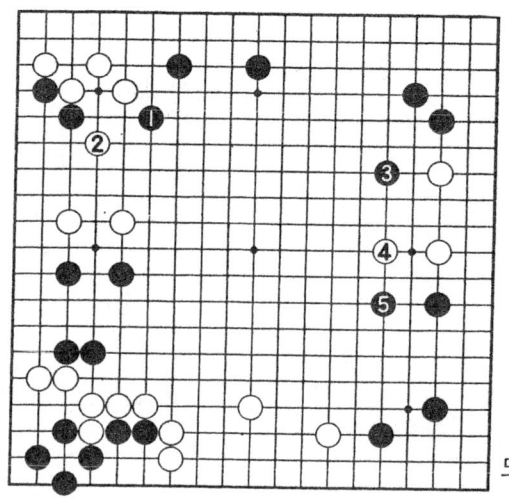

1
도

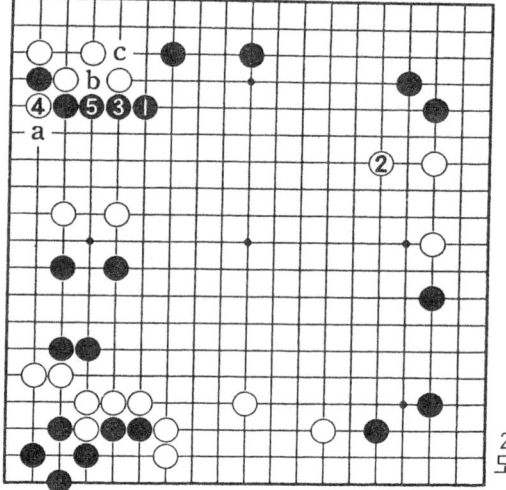

2
도

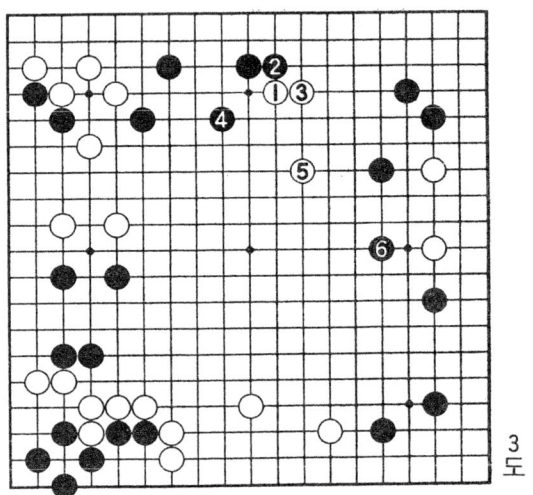

3도

흑1에 백2는 흑3의 눌러 넣기가 강력함으로, 이것을 손 빼기하는 것은 생각할 수 없다. 백4에는 흑5가 형. 흑a와 흑b에서 c를 양쪽 겨냥하는 맥이다.

또 1도의 백4에서──

3도(백 무리)

상변의 흑 모양이 크다고 하여 백1의 어깨 붙이기에서 3·5로 지워가는 것은 무리이다. 그것은 흑6의 칼끝이 강력하다. 우변의 백 두 점, 상변의 백 세 점, 모두 약한 돌. 이것은 완전한 공격을 당하고 말 것이다.

4도(수순 전후)

실전 수순, 흑1, 백2 때 흑3은 어떤가? 이것은 수순 전후, 백4로 뛰어들어가 난전이 될 것이다.

실전의 경과도 3

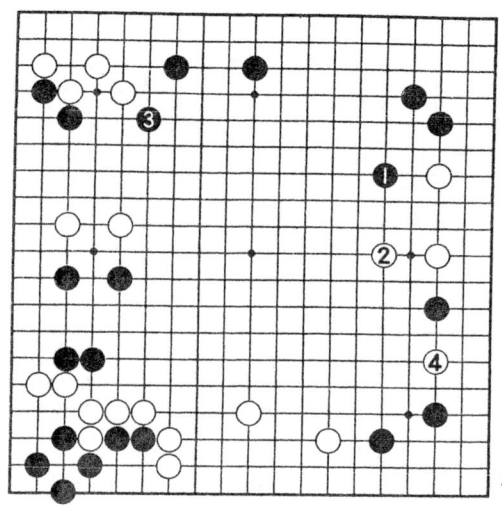

4
도

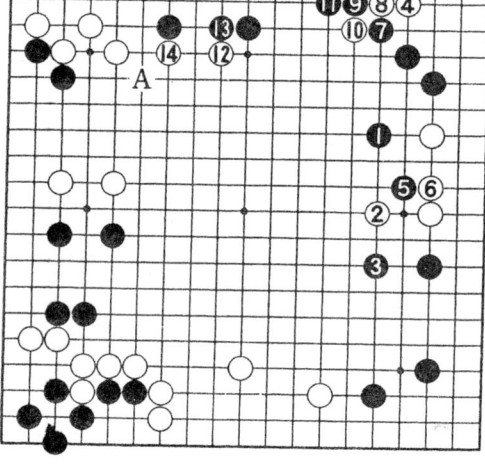

A

실전의 경과도 3

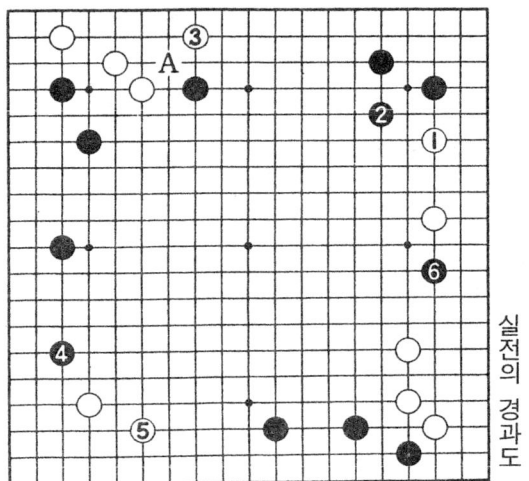

실전의 경과도

따라서, 흑 3 으로 뛰는 수밖에 없고, 백 4·8·10 으로 맞을 남겨 두어 12·14 를 놓이게 하고 만다. 흑 A를 살리지 않았기 때문에, 반대로 백 12·14 를 선착시킨 것이다.

실전 3

흑 加藤 正夫

백 大竹 英雄

실전의 경과도

백 1 의 큰 곳의 벌려 메꾸기에 흑 2 의 뛰기는 절대 한 수이다. 흑 A의 마늘모와 쌍방의 뛰어 들기를 양쪽 겨냥하여 쌍방의 요충이 되어 있다.

흑 2 의 뒤 흑 A를 살리게 하면 괴롭다. 거기에서 백 3. 흑 4 로 한 점 걸어 6 으로 뛰어 들어, 흑은 포석의 주도권을 잡는다.

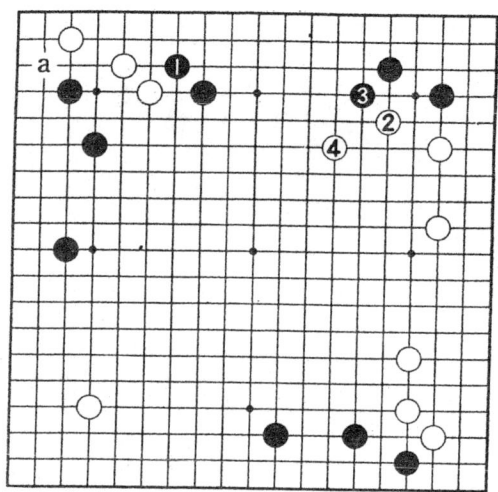

1
도

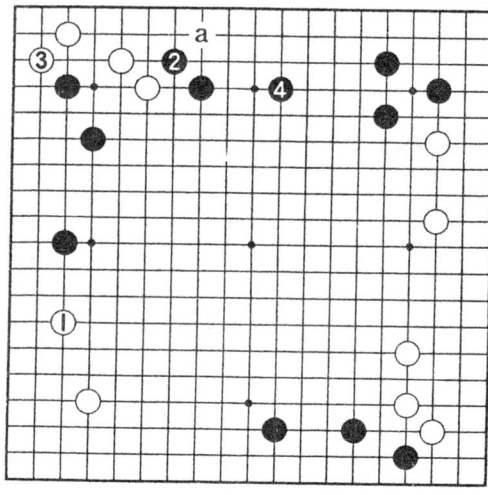

2
도

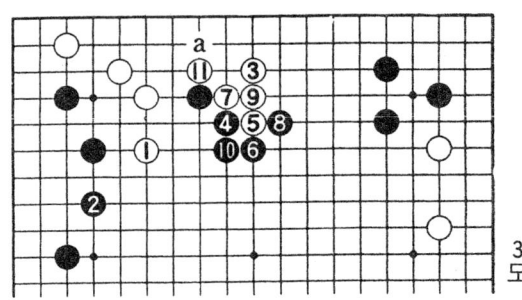

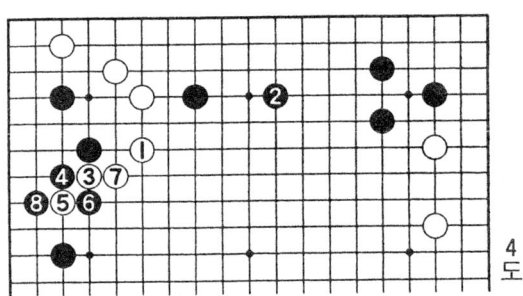

1 도 (우변, 이상형)

흑 1, 백 a, 흑 2 라는 것은 수 읽기. 흑 1 에는 백 2 · 4 로 우변이 이상적인 백 모양이다.

2 도 (흑 이상형)

물론, 실전의 백 a 에서 1 등이라면 흑 2 · 4 로 상변의 준비는 흑 이상형이지만……

3 도 (백의 주문)

그러나, 실전의 백 a 의 미끄러지기로, 백 1, 흑 2, 백 3 이되면 백은 실전보다 작용하고 있다. 흑 4 로 놓는 수밖에 없고, 그리고 백 5 의 붙이기에서 7, 또 백 11 까지 건넘.

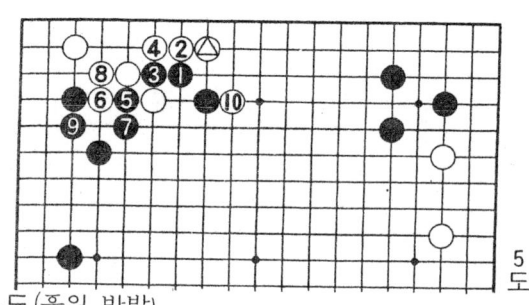

4도(흑의 반발)

백1에는 흑2로 지키는 것이 그 반발이다.

5도(속맥)

그러나, △의 미끄러지기에 흑1·3·5는 시시하다.

6도(백 교묘)

흑1·3등 하찮다.

백4·6으로 흑a의 뛰어들기가 없어진다.

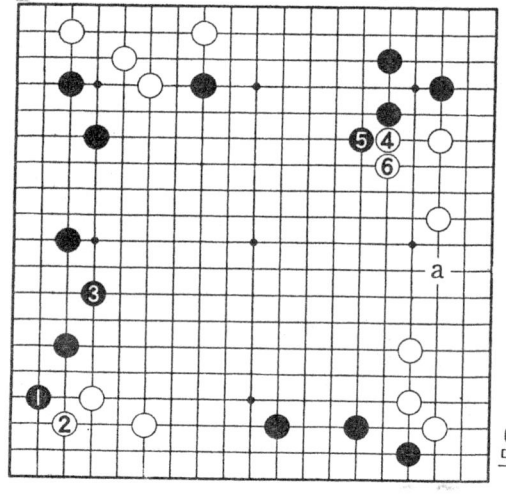

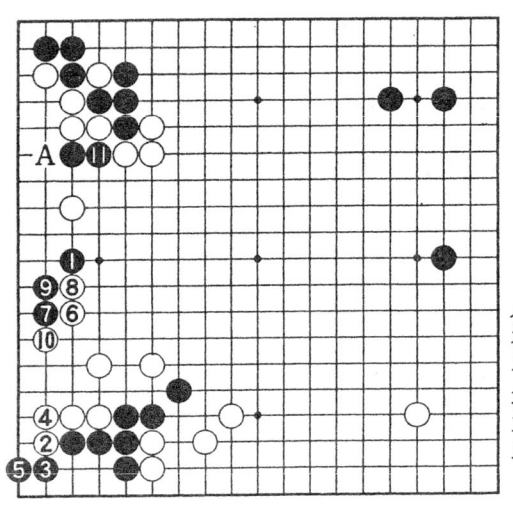

실전의 경과도 1

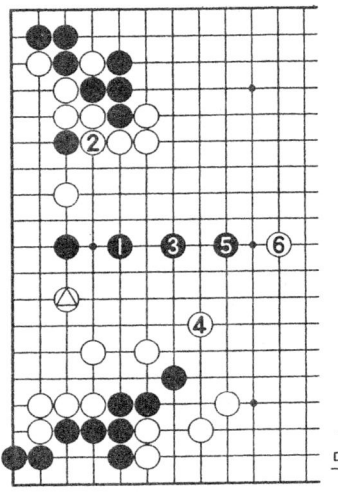

1
도

실전 4

흑 加藤 正夫
백 吳 淸源

실전의 경과도 1

이 국면의 촛점은 흑
11의 끊는 맛 흑A 의
내리기의 작용을 어떻게
활용하느냐 거기에 있다.
그런 의미에서, 여기의
작용을 보면서 흑1로 뛰
어드는 한 수이다. 작용

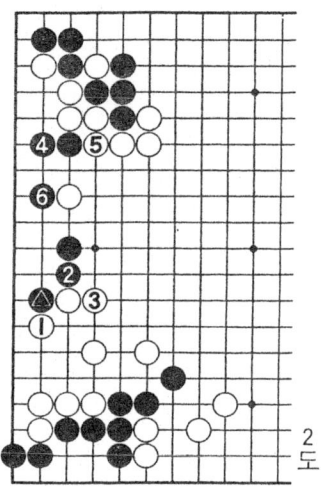

2도

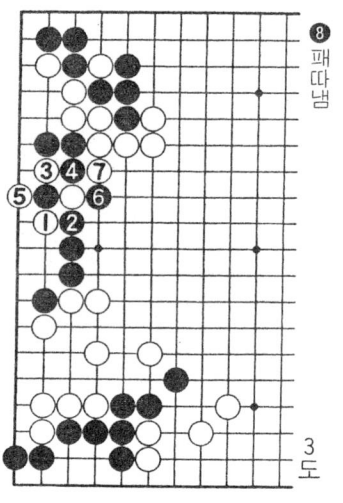

8
패
따
냄

3도

이 있으므로 흑1은 크게 공격할 수 없다. 백2·4에서 6에 흑7·9가 맥. 흑A의 내리기, 흑11의 끊기를 곁눈으로 겨냥하면서 놓고 있다.

1도(흑 무책)

⦹의 메꾸기에 흑1·3·5로 뛰는 것은 무책. 백6의 칼끝이 호점으로 흑 괴롭다.

2도(백 경솔)

실전의 ●의 붙이기에 백1로 누르는 것이 경솔하다. 흑2·4에 백5로 잇지 않을 수 없고, 흑6의 건너기로 좌변의 백집을 어지럽혀 버린다.

3도(백 찌부러짐)

2도에 이어서 백1·3에서 7의 패는 흑 꽃놀이패. 백 찌부러짐에 가깝다.

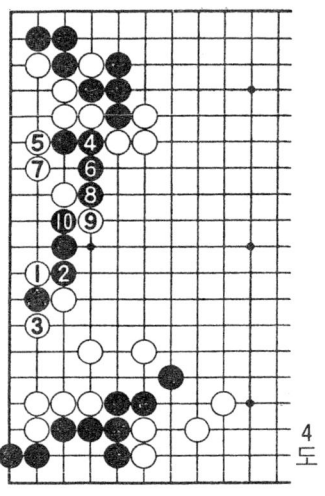

4도(젖혀 내기는 없다)

또, ●의 붙이기에 백 1의 젖혀 내기는 작용을 활용한 테크닉으로, 백 진 것을 자인한다.

흑2, 백3 때, 흑4의 끊기가 절호의 타이밍. 이어서, 백5·7은 어쩔 수 없지만, 흑8·10이 수읽기 맥이다. 이로써 백 응수가 없는 것이다.

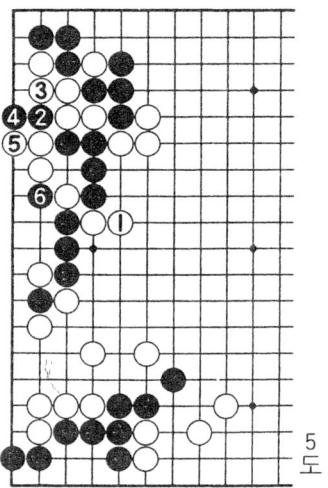

4도에 이어서——

5도(백 취해짐 1)

백 1의 뻗기라면, 거기에서 흑2·4가 맥이 된다. 백5, 흑6으로 좌상의 백을 취하고 있는 것을 알 수 있을 것이다.

백으로써는 1의 뻗기에서——

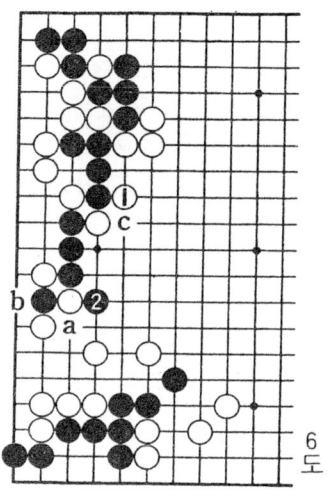

6도

6도(백 취해짐 2)

백1로 공배를 메꿔 두고 싶겠지만, 그것은 흑 2의 단수가 광채를 발한다. 백a의 잇기에도 b의 빼기도, 흑c로 백 한 점을 취할 수가 있기 때문이다.

5도, 6도 모두 여기 저기 작용이 있기 때문에 백이 잘 되어 가지않는다는 것을 알았다.

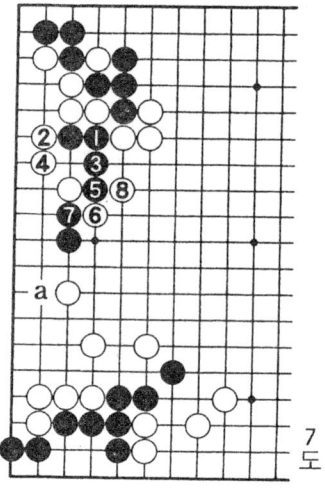

7도

7도(수 늦음)

따라서, 실전의 흑a의 붙이기에서부터 작용을 노리는 것이 좋고, 단순히 흑1로 끊는 것은 좋지 않다.

백2·4에서, 이번에는 6·8로 백이 좋다. 이것은 흑 찌부러짐이다. 백 8 뒤, 새삼스럽게 흑a로 붙여도 수 늦음이다.

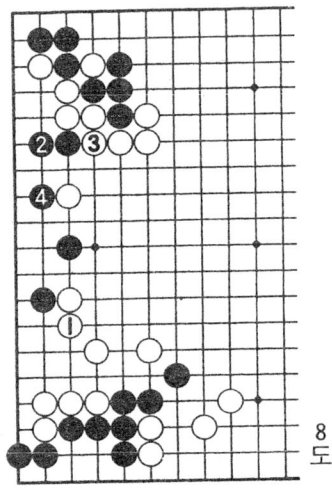

8 도

8 도(백 실패)

또, ▲의 붙이기에 백 1의 당기기도, 흑2·4의 건너기 이것도 백 실패이다. 따라서, 실전의 경과도1은 필연의 수순. 쌍방 최선이다.

실전의 경과도 2

그리고 백1·3 때, 여기에서 흑4로 쳐들어가는 것이 굿 타이밍. 백5로 받는 수밖에 없다. 흑 4 에서——

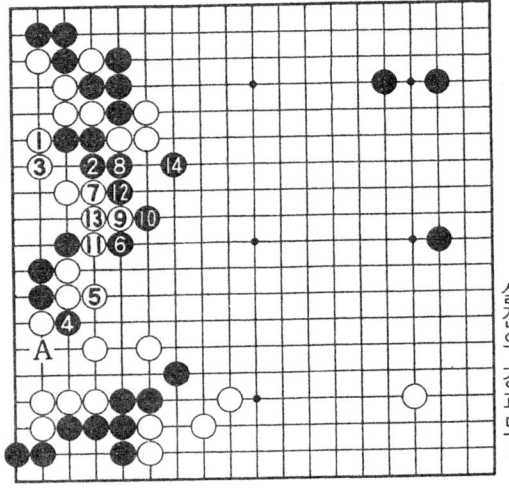

실전의 경과도 2

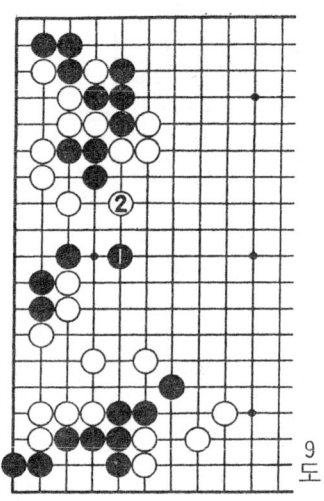

9 도

9 도(요점이 취해짐,
단순히 흑 1 의 뛰기는
백 2 의 장문. 요점의 흑
세 점이 취해진다.

10 도(예의 맥)

❷ 의 쳐들어가기에 백
1 이면 흑 2·4 가 강공
이고, 백 5 에 흑 6·8 이
맥으로 찌부러짐. 백 5
에서 a 는 흑 b, 백 5, 흑
c 의 양단수.

실전으로 되돌아가, 백
7 에서 12 의 장문은 흑
세 점은 취하지만, 흑 A
로 백 불만. 백 7 로 가
면 흑 14 까지 한길. 좌변
은 백집이 되지만, 백 세
점을 분단하여 적당한 갈
림이다.

그리고 흑은 작용을 십
분 활용했다.

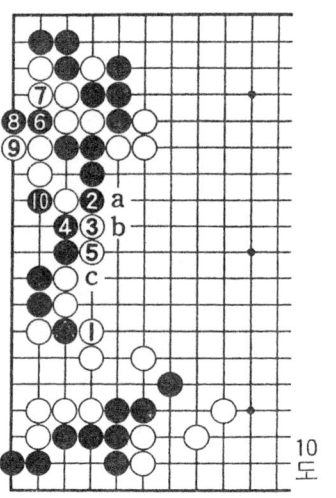

10 도

178

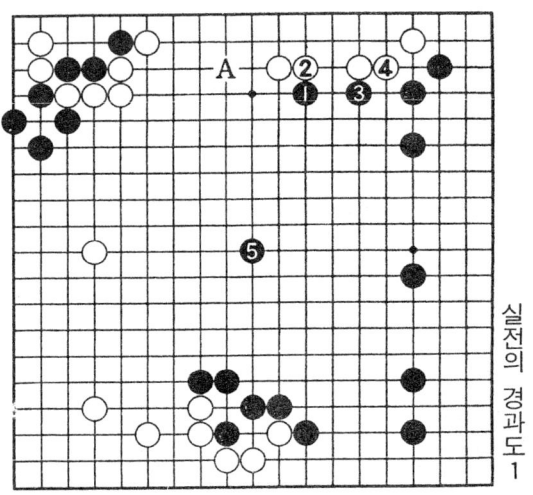

실전의 경과도 1

실전 5

흑 藤沢 秀行
백 加藤 正夫
실전의 경과도 1
藤沢秀行 기성에 도전했다. 제2기 기성전.
여기에서 흑1·3이 절호의 살리기. 백4를 기다려 흑
5로 준비, 백은 마비되어 있다. 좌상이 백 두껍기 때
문에 흑A는 거의 생각할 수 없고, 따라서 흑1·3을 살리
는 것이 좋은 것이다.
1도(작용해 주지 않는다)
단순히 흑1로 준비하는 것은 백2의 지우기.그리고 흑
3에서부터 살리려고 해도 백4로 반발한다.
2도(눈목자는?)

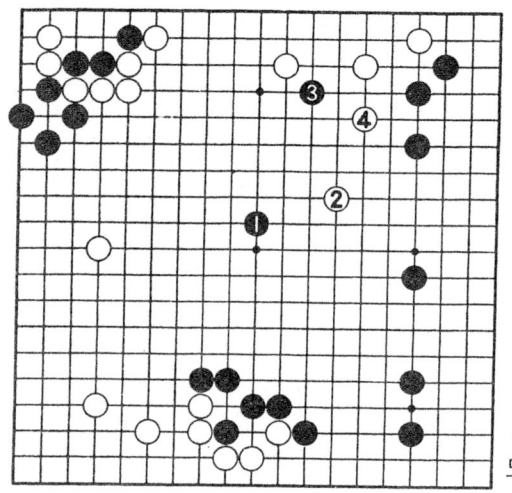

1
도

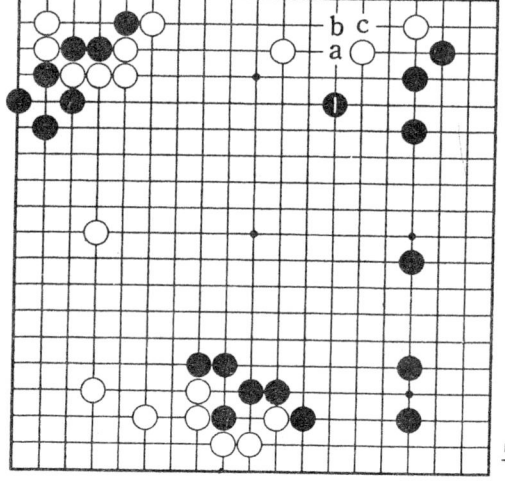

2
도

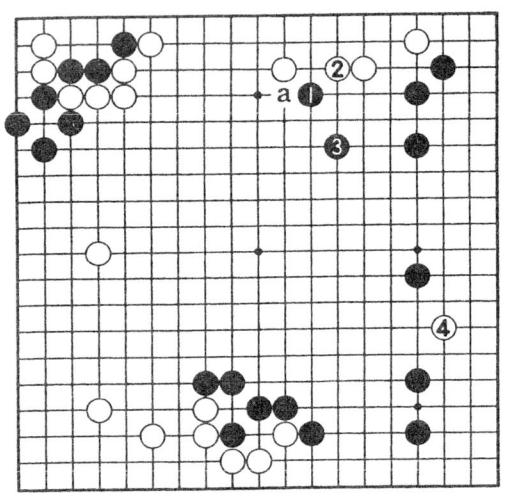

3도

흑1로 눈목자, 흑a, 백b, 흑c를 겨냥한다. 그러나 좌상
이 백 두껍기 때문에, 이 국면에서는 실전과 같이 살려야
하는 것이다.

3도(흑 두껍다)

그러나, 흑1에 백2는 흑3으로 지켜 둔다. 흑a의 작용
도 있고, 상변은 흑 두껍다. 백4에서부터 어지럽히러 가
는데, 이 싸움이 천하의 갈림길이 된다.

4도(마찬가지)

흑1·3의 때, 백4·6도 실전과 같은 것이다. 역시, 흑
7로 준비하게 된다.

실전의 경과도 2

●으로 크게 준비해 갔기 때문에 백1의 뛰어들기는 어
쩔 수 없다. 흑2는 이 한 수의 철기둥이다. 백3에서 13
에, 흑14가 완고한 수. 모두 죽이려는 놓기.

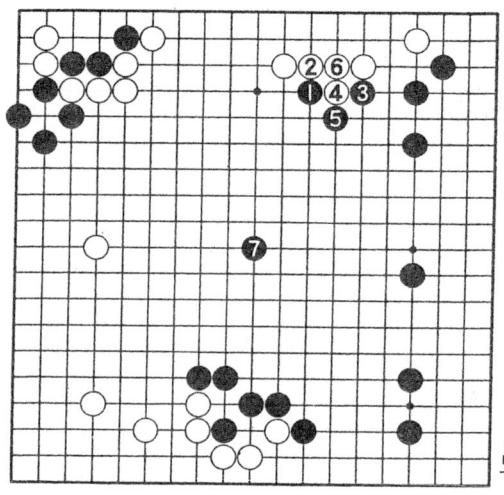

4
도

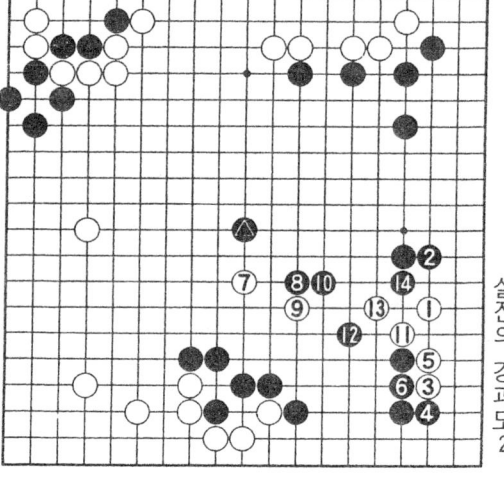

실전의 경과도 2

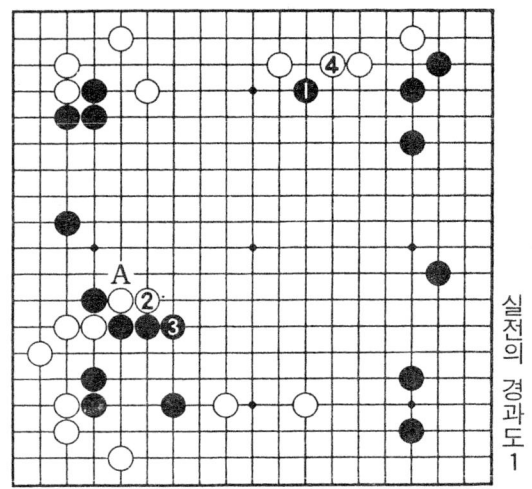

실전의 경과도 1

실전 6

흑 加藤 正夫

백 趙　治勳

실전의 경과도 1

흑A의 축은 현시점에서는 성립하지 않는다. 그래서, 흑1로 축 대기. 백2는 당연하지만, 흑3으로 뻗는 것은 좀 문제이다라는 것은, 백4에 되돌려져 버리기 때문이다.

1도(참조)

●의 살리기에 백1로 받는 것은 안된다. 흑2로 축에 안겨지기 때문이다.

그러므로, 실전도의 흑3에서는——

2도(젖히는 한 수)

흑1로 젖히는 한 수이다. 백2라면 흑3·5를 살려 7.

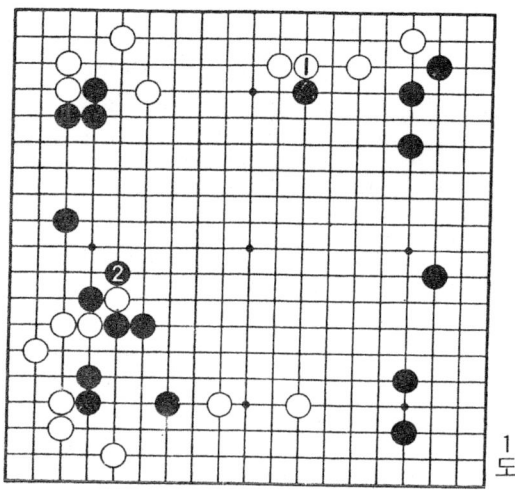

1도

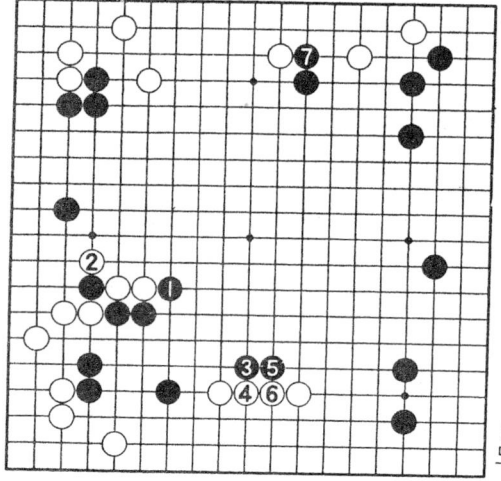

2도

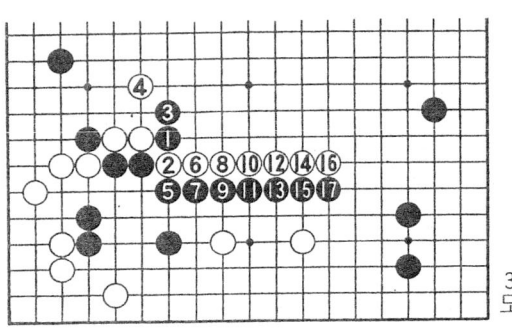

3
도

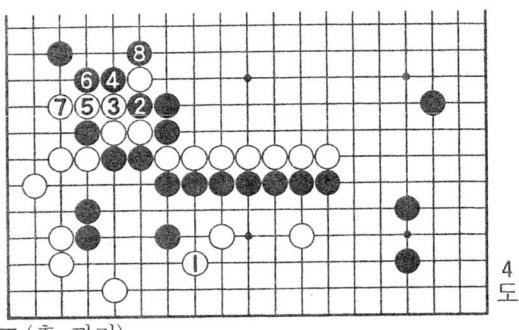

4
도

3도(흑 찢김)

따라서, 2도는 백 나쁨으로, 흑1에는 백2로 끊어갈 것이다. 그것은 흑3을 살린 다음 5 이하 17까지 밀어가, 흑의 찢김의 구도이다.

3도, 흑17 뒤——

4도.(공격 목표 가능)

백1로 하변에 손 넣으면 흑2·4에서 8로 축. 백 일곱 점의 봉돌(棒石)을 공격 목표로 하여 흑이 싸움의 주도권을 잡고 있다.

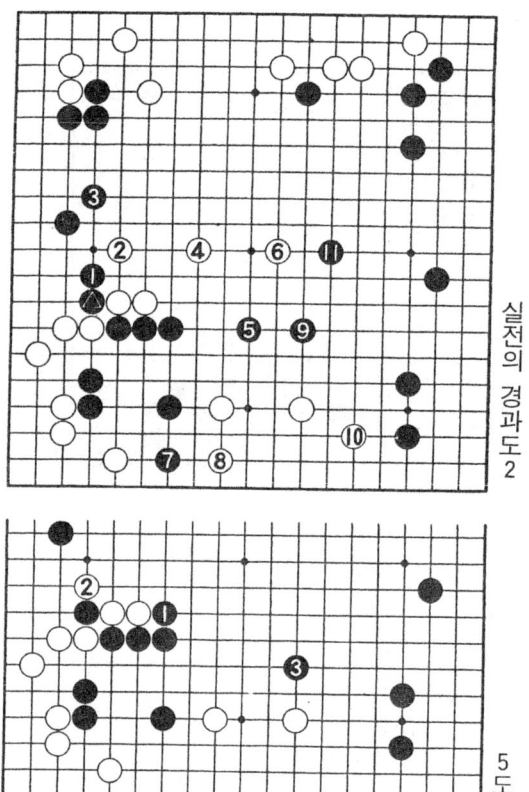

실전의 경과도 2

흑1로 ● 한 점을 벌어 냈지만, 흑1에는 5도 흑1·3
으로 백 두 점을 공격하는 것이 간명. 흑3은 공격하면서
우변을 부풀려 올리고 있다.

실전도 백8·10에 흑11의 호점으로 돌아, 흑 다소 리드
하는 국세.

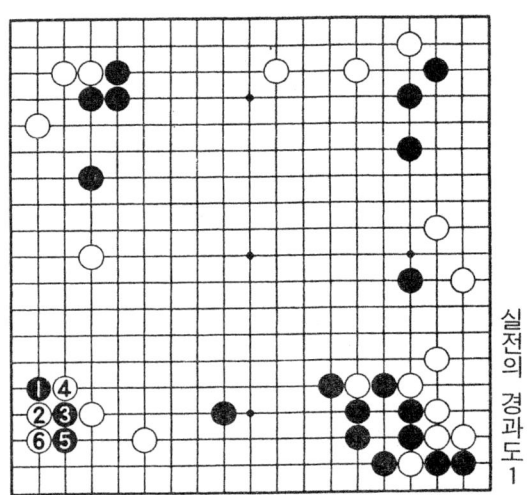

실전의 경과도 1

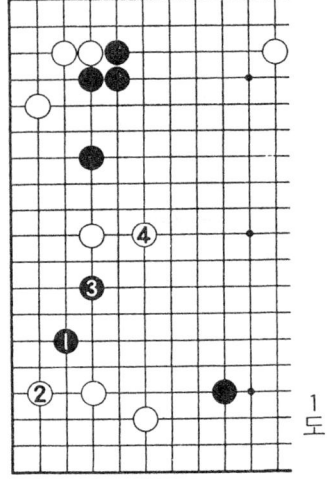

실전 7

흑 加藤 正夫
백 林 海峰

실전의 경과도 1

흑 1의 끝 걸침, 백 2
의 붙이기에서 6 까지 거
의 타당한 진행이다. 이
런 수순 속에 많은 수 읽
기가 숨겨져 있다.

1도(흑 불만)

보통 흑 1의 날일자로

1도

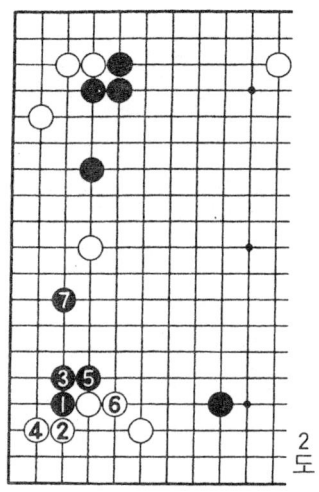

2도

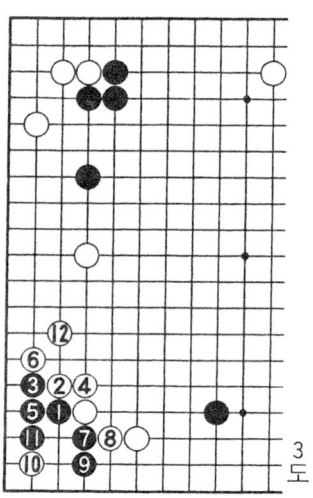

3도

걸어, 백 2, 흑 3 에서는 백 4 로 뛰게 하여 흑 불만. 이러한 것은 좌하귀의 백집이 크고, 흑 1 · 3 도 분명한 근거가 아니고, 아직 공격당하고 있기 때문이다.

2도(흑 좋다)

그렇다면 흑 1 의 붙이기는 어떨까? 백 2 · 4 라면 흑 5 에서 7 로 벌려, 흑은 가득 놓는다.

이 그림은 흑이 좋은 것이다.

3도(흑 수 남음)

따라서, 흑 1 에는 백 2 로 밖에서부터 눌러올 것이다. 백 12 까지 귀의 정석같은 것이다. 이 뒤, 백부터 놓으면 귀는 한 수 종반패. 이것은 흑 불만이다.

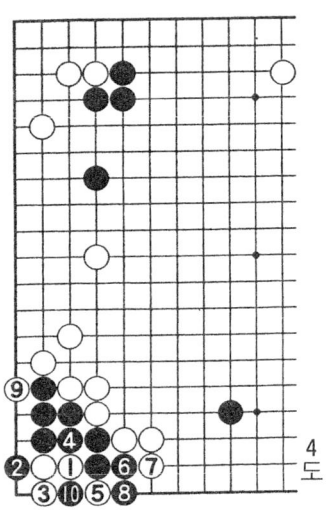

4도(한 수 종반패)

백부터 1·3·5의 겨냥이 있고, 백9, 흑10까지 한 수 종반패. 한 수 종반패이면서 수가 남으므로, 흑도 기분이 나쁘다.

즉, 3도는 한 수 종반패가 있으므로 흑이 이미 한 수 걸게 되고, 그것이 싫은 것이다.

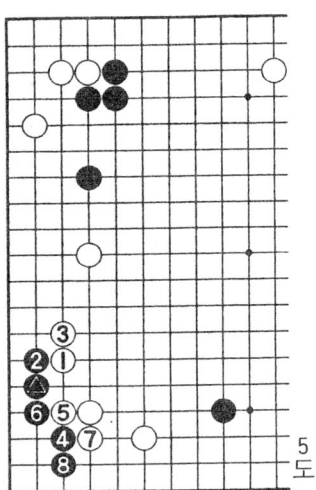

5도(백 불만)

따라서, ●의 끝 걸침이 최선이다.

여기에서 백1로 강압하는 것은 허사. 흑2·4에서 8까지, 흑에 버텨지므로 백은 자신을 먹힌 결과가 되어 버린다.

이 그림은, 백이 집에 무른, 프로라고 생각할 수 없는 놓기이다.

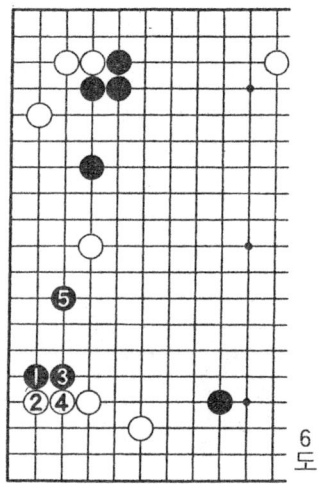

6 도

6 도(흑 불만)

흑 1 에는 백 2 로 받는 정도인 것이다.

여기에서 흑 3 으로 뻗어 백 4 로 잇게 하는 것은 흑 불만. 이어서, 흑 5 로 벌리게 되지만, 이것은 흑 불만이다. 백의 형이 단단하다.

따라서, 6 도 흑 3 에서는 ──

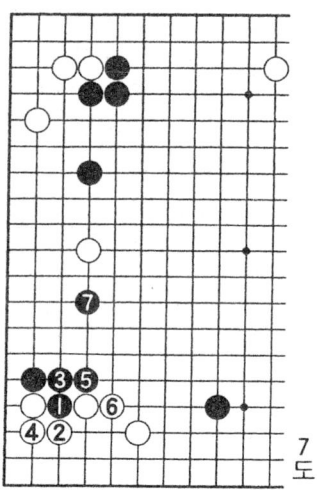

7 도

7 도(백 불만)

흑 1 로 젖혀 넣는 것이 좋고, 백 2 · 4 라면 흑 7 까지. 백집을 패이게 하고, 흑의 집은 6 도 보다 단단해져 있다.

그런 이유로, **실전의 경과도 1**, 흑 1 에서 백 6 까지, 한수 한수 필연적인 것이다.

그럼, 이제부터 작용을 둘러싼 공방이 시작된다.

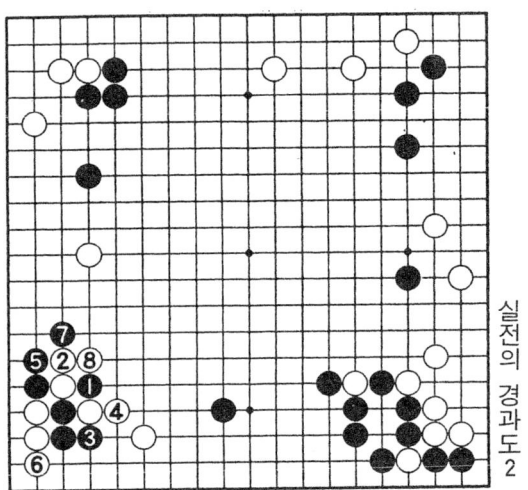

실전의 경과도 2

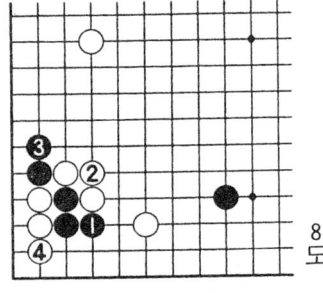

실전의 경과도 2

　제 9 형과 수순은 다르고 형은 같다. 단, 흑 1 로 끊은 다음 3 으로 대고 싶은 것은 의의가 있는 것. 백 8 까지 한길이다.

　흑 1 의 끊기에서——

8 도 (백에 저항 있음)

　단순히 흑 1 은 백 2 의 저항이 있다. 흑 3, 백 4 의 뒤, 어떻게 될 것인가?

　8 도 백 4 의 뒤——

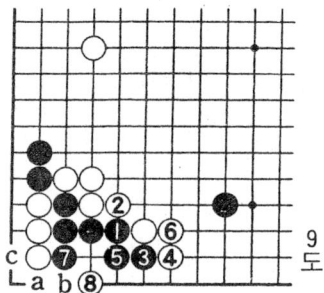

9도 (한 수 종반패)

흑1·3이라면 백4· 6에서 흑7 누르기, 백 8의 놓기까지 한길이다. 이어서 흑a, 백b, 흑c로 흑 불리한 한 수 종반패. 흑 한 수 종반패로는 취 해질 듯한 것이다.

흑5에서——

10도 (사정 변함 없음)

흑1·3도 백4로 뻗 어지고, 사정은 변함이 없다. 9도와 같이 한수 종반패밖에 되지 않는다.

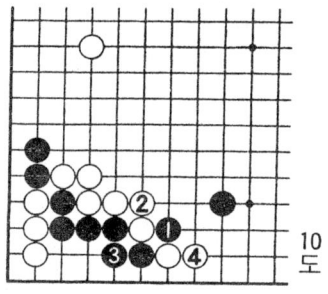

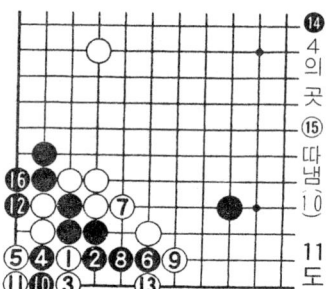

11도 (백 찌부러짐)

8도의 백4에서 백1 ·3은 일단 맥이지만, 흑 16까지 백 취해진다.

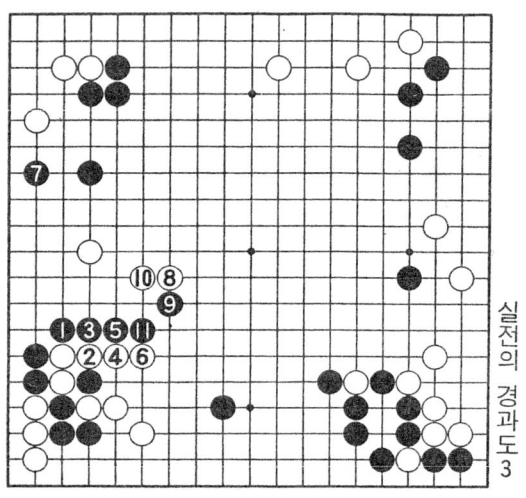

실전의 경과도 3

실전의 경과도 2

실전도 2 에 이어서 흑 1 의 단수는 좋지만, 흑 3 의 단수로 살린 것이 지면 패착이 된다. 어쩔 수 없이, 흑 5 로 다시 한 점 눌러 7 로 연락을 방해하는데, 백 8 이 호수. 공격해야 하는 돌에 흑 9 로 붙여 11 로 연결하는 것으로는 고전은 피할 수 없다.

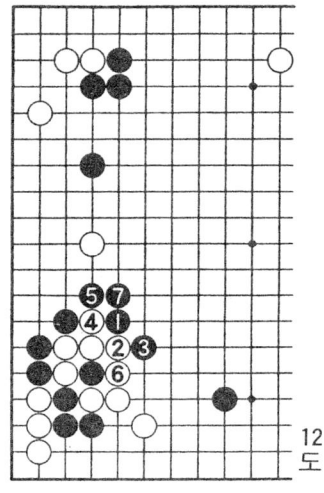

12
도

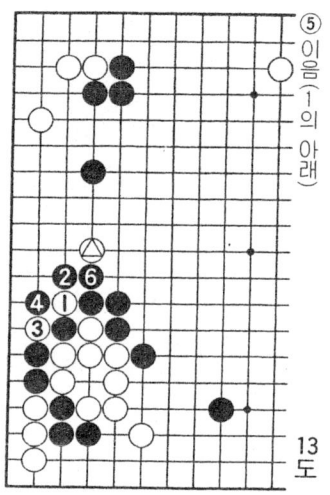

13도

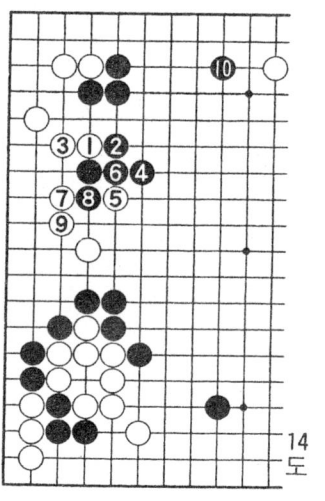

14도

실전의 흑3에서는—

12도(걸침의 형)

흑1의 걸치기가 형이다. 백2·4에 흑5·7로 정형하면, 앞으로의 승부가 되는 것이다.

이어서——

13도(흑 두껍다)

백1·3에서 흑2·4를 정해 6의 잇기. 이 그림은 흑 두꺼울 것이다. ◎도 풀이 죽어 있다. 따라서 백1에서는——

14도 (승부는 이제부터)

백1·3에서 9까지 건너는 정도의 것. 그리고, 흑10의 호점에 선착하여 승부는 이제부터.

그러나, 실전의 경과도 3의 흑7에 백8이 '공격하는 돌에 붙이지 말라' 라는 격언에 반대하여 흑9를 놓아 괴로

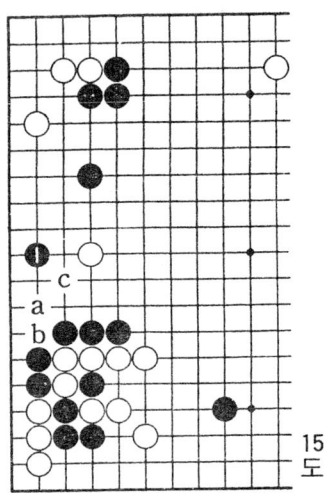

15 도

와진다는 것은 이미 설명했다. 그러나, 이 흑 7 의 뛰기에서——

15 도(흑은 어중간)

흑 1 로 미끄러지는 것도 어중간한 수. 백 a, 흑 b, 백 c 로 남고, 얇은 미끄러지기인 것이다.

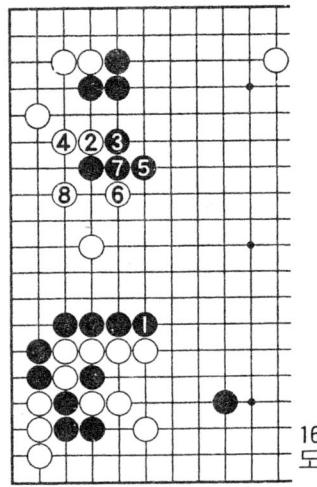

16 도

16 도(신통치 않다)

그렇다고, 흑 1 로 누르는 것도 백 2·4 에서 8 로 건너져, 흑 1 은 둔중한 것. 신통치 않은 수이다.

요컨대, 이 부근, 흑은 놓는 수가 궁핍해져 버린 것이다.

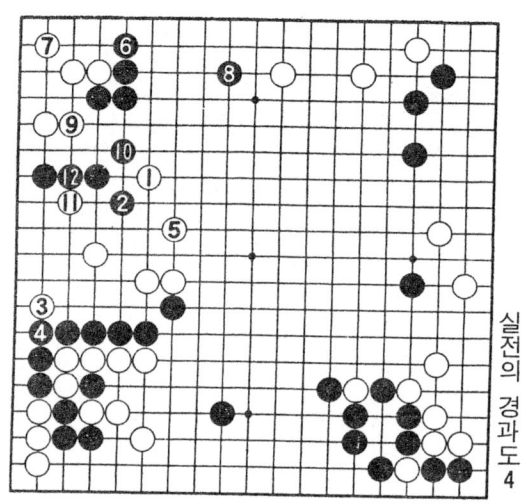

실전의 경과도 4

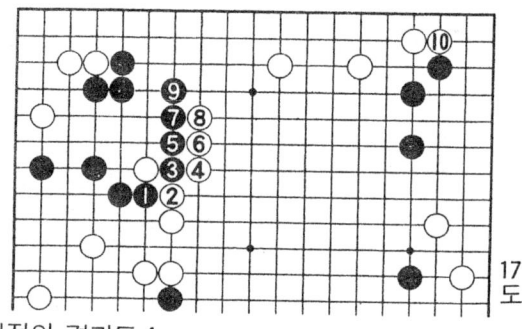

17
도

실전의 경과도 4

백 1 로 호점을 선점하고, 3 을 살려 5 로 정형. 백 호조.
흑 6 에서,

17도(속맥)

흑 1 · 3 은 백 4 에서부터 형을 정비하게 하는 것을 도움.

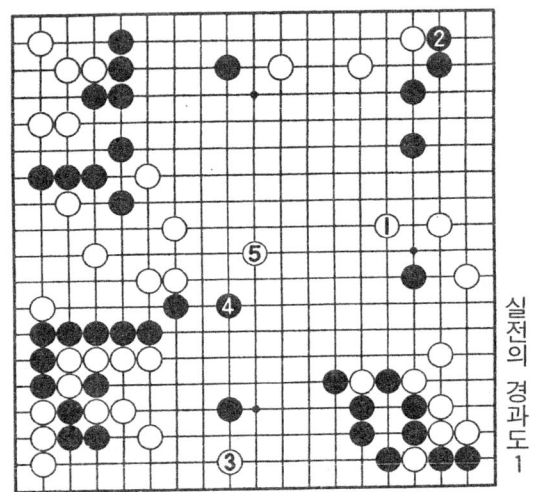

실전의 경과도 1

실전 8

혹 加藤 正夫

백 林　海峰

실전의 경과도 1

여기에서, 백1로 살려 흑2의 누르기로 교환한 것이 의문. 흑2가 온 것으로 우상의 백 세 점이 약해져 있기 때문이다. 백3, 흑4, 백5가 되어 형세 불명해져 있다.

1도(백 우세)

백1·3·5로 중앙의 백을 수습하는 것이 좋았던 것이다. 이렇게 되면 백은 승리에 한발 가까이 가는 것이다.

2도(호점이지만)

△의 뛰기에 흑1도 호점이지만, 백2로 뻗어 넣어져 바둑은 끝장. 흑3이라면 백4·6이 호조의 공격이다.

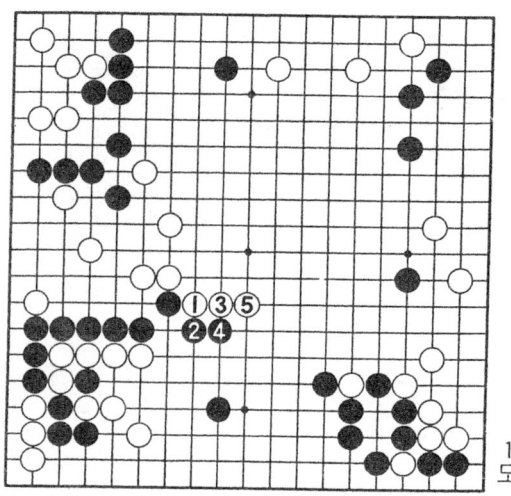

1
도

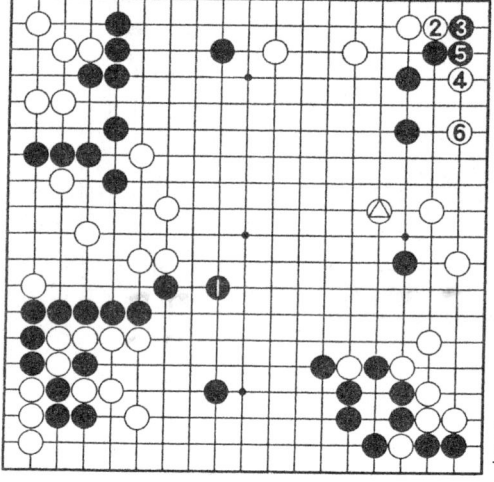

2
도

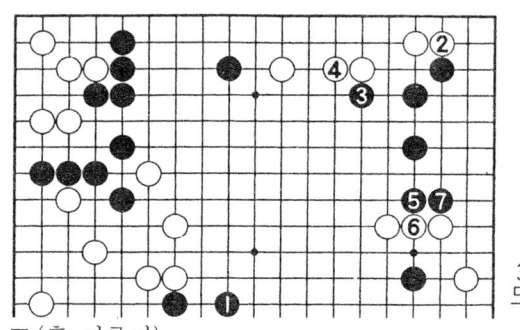

3 도 (흑 괴롭다)

따라서, 흑 1, 백 2 에는 흑 3 에서 5 · 7 로 수습하는 정도의 것이다.

그러나, 흑이 살기 위해 우상의 백을 강화시키고 있으므로 흑이 괴로운 그림이다.

　실전의 경과도 2

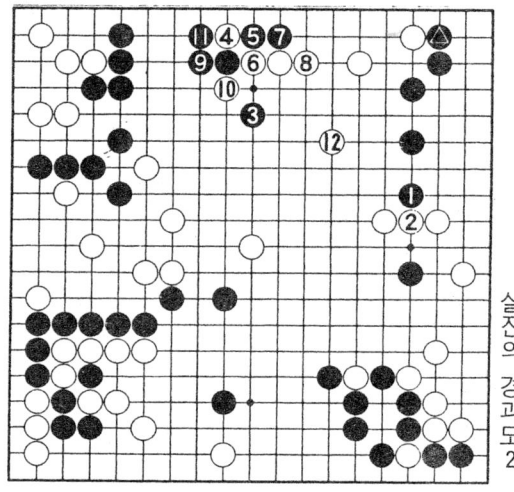

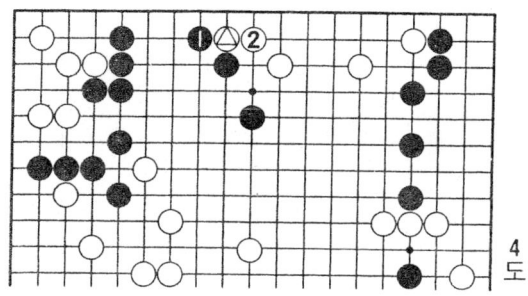

4
도

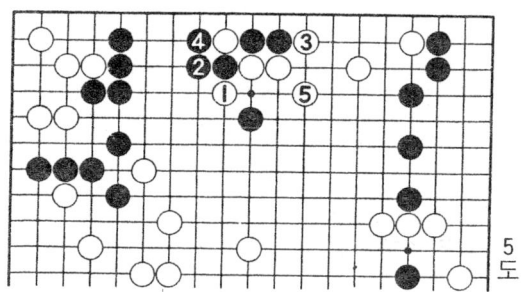

5
도

　3도가 괴롭다는 것은 ▲으로 버티면 백 세 점에 대해 흑3의 공격이 강력하게 되어 있기 때문이다. 백4에 흑5·7·9로 근거를 빼앗으면서 공격하여, 국세는 혼란해져 간다.

　4도(백 수습형)

　◎의 붙이기에 흑1에서는 백2로 당겨져 백 수습형. 이 백을 공격하지 않는 한 승기는 없다.

　5도(눈모양 풍부)

　백1에서 5, 이 방법이 백은 눈모양 풍부하여 나로써는 싫었다.

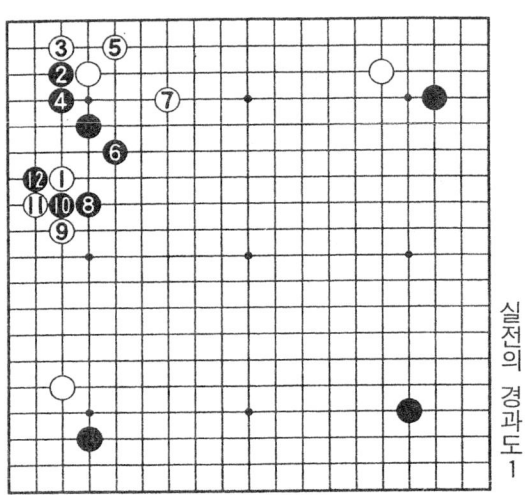

실전의 경과도 1

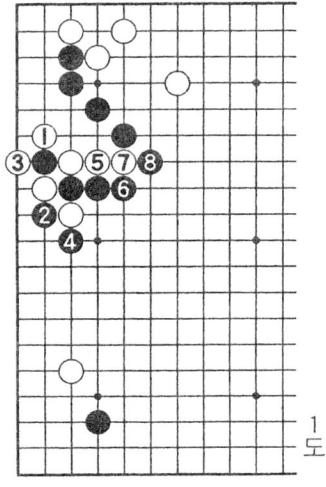

실전 9

흑 加藤 正夫

백 趙　治勳

실전의 경과도 1

백 1 에서 7 에, 흑 8·10·12 는, 흑 축 좋아야 함이 전제 조건이다.

1 도(그 축이란?)

그 축이란 백 1·3 에 흑 4. 이것이 성립하지 않으면 흑 찌부러짐이 된다.

1 도

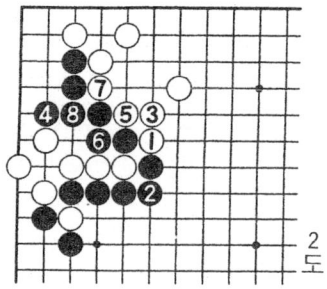

백5·7에 흑8로 눌러——

2도(한길)

백1의 끊기에서 흑8까지 한길. 이어서,

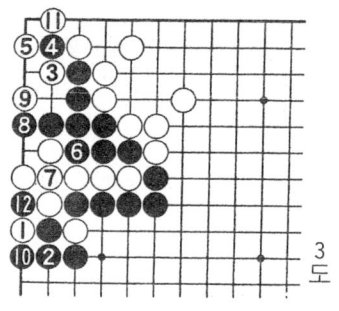

3도(패)

백1·3에서 수순을 다하고, 흑12의 패 취하기까지 필연이다. 흑이 취할 차례의 일발 패이므로, 백의 어떤 패 세우기에도 공격, 백 찌부러짐이다.

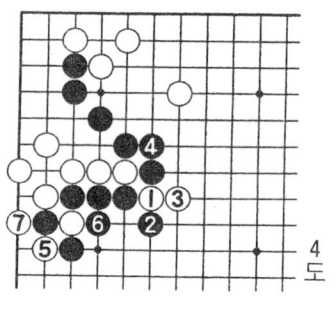

4도(이쪽을 끊는 것은?)

2도의 백1에서 백1로 이쪽을 끊는 것은 흑2·4. 여기에서 백5·7이 호수로, 이것 또한 패가 된다.

이 패는 차도에서——

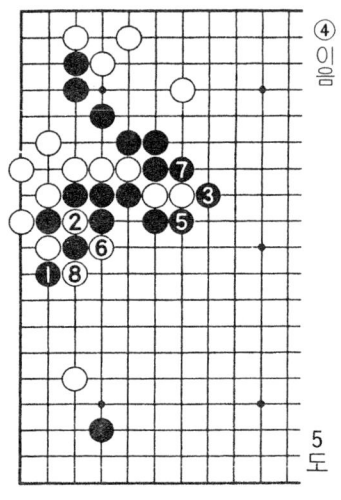

5도(흑3, 묘수)

4도 뒤, 흑1로 단수, 백2의 패. 여기에서 흑3이 교묘한 패 세움. 백이 받으면 몇 개나 되는 패 세우기가 작용하므로 백4로 잇는 수밖에 없고, 흑5·7로 빼어 흑 두껍다.

결론으로써, 실전의 경과도1의 흑10·12에 백이 저항하는 것은 득책이라고 할 수 없는 것이다.

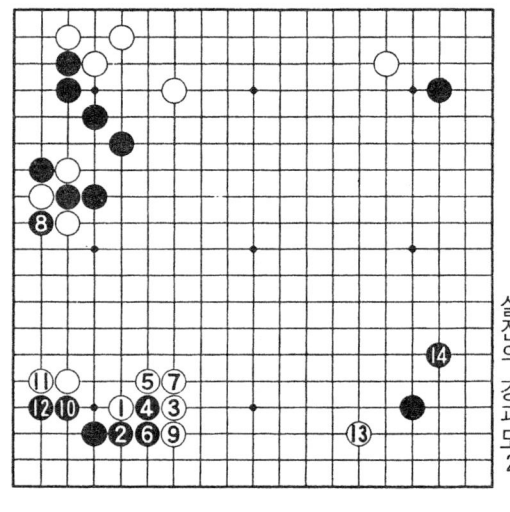

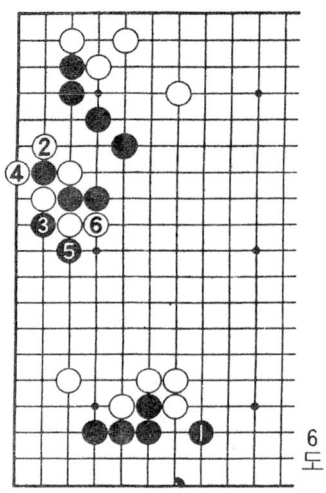

6
도

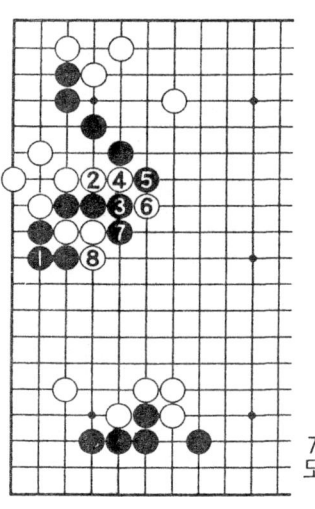

7
도

실전의 경과도 2

그래서, 백 1 의 날일 자에서 3 으로 축단수를 준비했다. 흑 4·6 에 백 7 의 잇기로, 흑은 축이 나빠졌다. 따라서, 흑 8 은 당연한 한 수. 백 9 의 눌러 넣기에서 흑 12 가 되어, 전국적으로 보아 적당한 갈림일 것이다. 흑 8 에서——

6 도(흑 욕심)

흑 1 로 뛰어 내는 것은 백 2·4 에서 6 으로 움직여 내져 응수에 궁핍하다. 이어서——

7 도(흑 찌부러짐)

흑 1 은 백 2 에서 8 까지 수습책이 없어 흑 찌부러짐이 될 것이다.

축의 작용을 둘러싼 공방이었다.

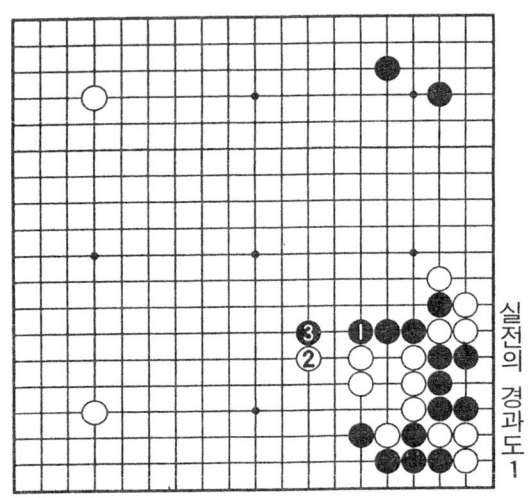

실전의 경과도 1

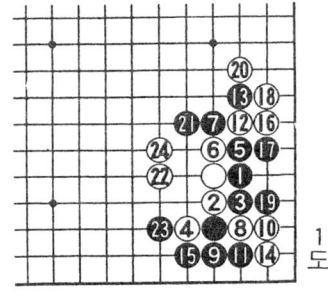

1도

실전 10

흑 趙　治勳
백 加藤 正夫
실전의 경과도 1
크게 내기의 안 구부
림 정석의 기본형의 도
중이다. 흑1의 누르기
에서 3으로 붙여 갔다. 물론 흑1·3의 최악은 말할수 없
다. 단, 흑1·3에서의 싸움은 뒤에서 설명한 작용이 공방
의 촛점이 되어 있다.

　1도(원형)
　흑1에 백2에서 24까지가 실전의 원형.

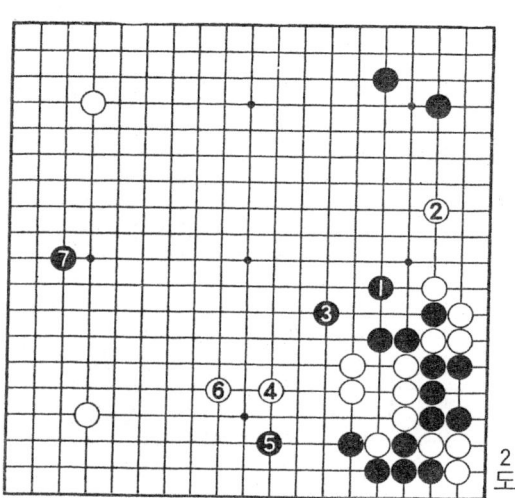

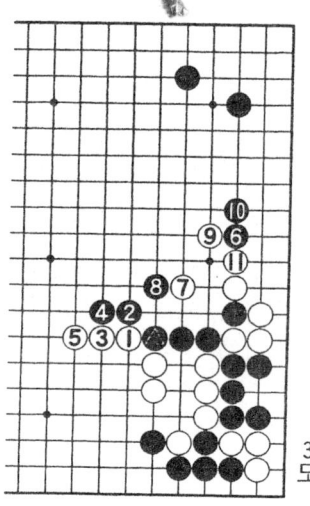

2도(기본 정석)

그리고, 흑1에서 5 까지 크게 내기의 안 구 부림의 기본 정석. 이 배 석이면 백6, 흑7이 예 상되고, 이것은 이것으 로 일국의 바둑이다.

3도(이것도 있다)

▲의 누르기에 백1의 젖히기도 있다. 흑2·4 에서 6의 협공. 백9·11 로 수습한다.

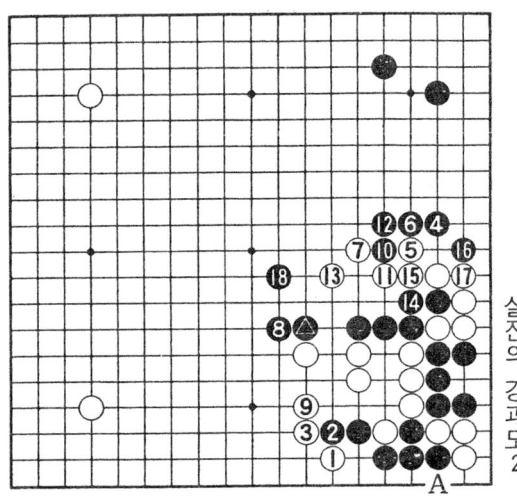

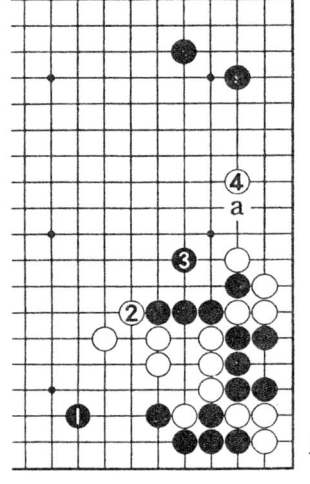

실전의 경과도 2

● 의 붙이기는 흑4
의 협공을 강조하기 위
해서이다. 백은 A로 젖
히는 작용을 보아 백1·
3으로 응대한다. 흑의
겨냥인 4의 협공에 백
5의 마늘모 뒤, 백7의
뛰기가 나빠 흑10에서
16까지 백의 자세가 무
너져 버린다. 흑18로 공
격당하면 백 고전이다.

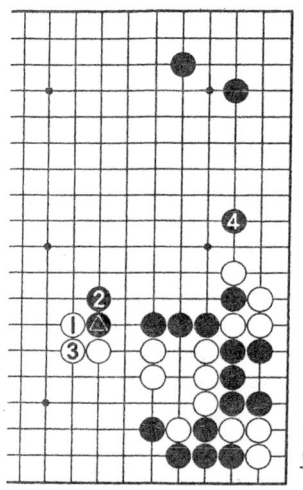

5도

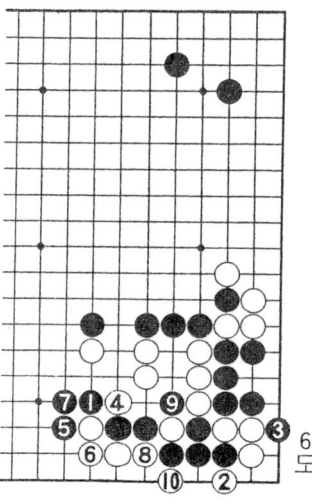

6도

실전의 ●의 붙이기에서——

4도(백4, 절호점)

흑1은 기가 없는 수. 백2, 흑3에서 수순에 백4의 절호점을 선점케 한다. 실전은 흑a의 협공으로 돌려는 놓기이므로, 흑1은 착수가 분열되어 있다.

5도(흑의 주문)

●의 붙이기에 백1·3은 흑의 주문이다. 흑4의 협공이 실전도의 진행보다 강력하게 되어 있기 때문이다.

또, 실전의 경과도 2의 백1·3 때,

6도(작용이 있다)

흑1의 젖혀 내기는 백2의 작용이 있고, 4로 끊는 호수순으로, 백10까지 흑 찌부러짐이다.

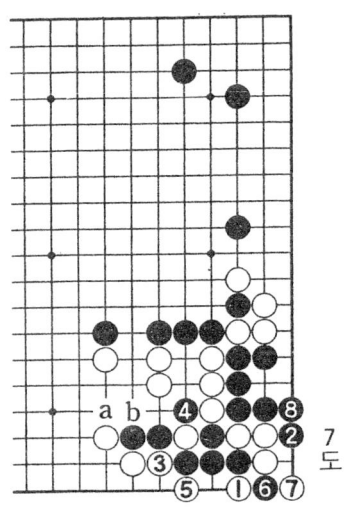

7도

7 도(수 없음)

단, 6 도와 같이 흑a, 백b의 끊기로 공배가 하나 메꿔지지 않으면 수가 되지 않는다. 즉, 백 1·3·5는 흑6·8의 빼앗기. 6 도와 같이 흑부터 오지 않으면 수가 없는 것에 주의하기 바란다.

실전의 경과도2의 백 7은 악수라고 말했다.

그 백 7 의 뛰기에서는

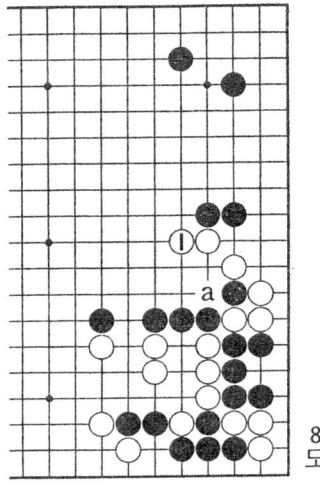

8도

8 도(실전적)

백 1의 뻗기쪽이 실전적. 이어서 백a에서 눈모양을 확보할 수 있기 때문이다.

마지막으로, 작용에 착안하여 바둑을 진행시키려고 하면 바둑의 즐거움도 깊어지고 빨리 능숙해진다. 그것을 강조하며 이 책을 마친다.

판 권
본 사
소 유

60. 이 관문을 통과하면 프로5단이 된다

2019년 7월 15일 인쇄
2019년 7월 30일 펴냄

옮긴이/ 프로바둑연구회
펴낸이/ 최 상 일
펴낸곳/ 태 을 출 판 사
서울특별시 중구 동화동52-107 (동아빌딩내)
등록/1973년 1월 10일(제4-10호)

＊잘못된 책은 구입하신 곳에서 교환해 드립니다.

■주문 및 연락처

우편번호 ⓛⓞⓞ-④⑤⑥
서울특별시 중구 동화동 52-107 (동아빌딩 내)
전화 / 2237-5577 팩스 / 2233-6166
ISBN 89-493-0376-0   13690

"당신의 바둑실력이 두 배로 는다.!!"

최신판.!! 프로바둑강좌시리즈

'머리의 바둑'은 '공격을 겸한 방어'이자, '방어를 위한 공격'이다.!!

"당신의 바둑실력이 두 배로 는다 !!"

최신판!! 프로바둑강좌시리즈

'머리의 바둑'은 '공격을 겸한 방어'이자, '방어를 위한 공격'이다!!

프로바둑강좌 / 완전초급

1 초보자를 위한 바둑의 ABC

7단 影山利郎 지음·

2 초보자를 위한 바둑 첫걸음

9단 藤沢秀行 지음·

3 초보자를 위한 기본기 레슨

7단 影山利郎 지음·

4 초보자를 위한 알기쉬운 정석

9단 高川秀格 지음·

5 혼자서 배우는 포석의 기초

碁聖 大竹英雄 지음·

6 초보자를 위한 실전 포석 입문

碁聖 大竹英雄 지음·

7 초반부터 리드하는 법

碁聖 大竹英雄 지음·

8 초보자를 위한 침입의 기술

9단 加藤正夫 지음·

9 초보자를 위한 중반전의 기술

9단 林海峯 지음·

10 초보자를 위한 맞바둑의 기술

9단 大竹英雄 지음·

프로바둑강좌 / 어린이바둑

1 바둑은 이렇게 둔다

프로바둑연구회 편·

2 돌은 이렇게 잡는다

프로바둑연구회 편·

3 땅은 이렇게 만든다

프로바둑연구회 편·

4 포석과 정석

프로바둑연구회 편·

5 기본적인 맥

프로바둑연구회 편·